新・歴史人物伝

西郷隆盛

著◎越水利江子
絵◎フカキショウコ

吉之助《きちのすけ》が銃隊《じゅうたい》を配列《はいれつ》させていた、まさにその街道《かいどう》で、旧幕府軍《きゅうばくふぐん》は薩摩軍《さつまぐん》と遭遇《そうぐう》した。
「旧幕府軍《きゅうばくふぐん》は『京《きょう》へ通《とお》せ』と言《い》い、我《わ》が薩摩軍《さつまぐん》は『いや、通《とお》さん』ちゅう押《お》し問答《もんどう》が続《つづ》いちょります」と、伝令《でんれい》が吉之助《きちのすけ》に伝《つた》えたそのとき、薩摩《さつま》の四斤山砲《よんきんさんぽう》が火《ひ》を噴《ふ》く轟音《ごうおん》が響《ひび》いてきた。
薩摩軍《さつまぐん》の砲撃《ほうげき》を受《う》け、伏見奉行所《ふしみぶぎょうしょ》はまたたくまに炎《ほのお》に包《つつ》まれた。

本文132ページより

鳥羽伏見の戦い。
CGイラスト 成瀬京司

日本中《にほんじゅう》の西郷《さいごう》さんを訪《たず》ねよう!!

東京都《とうきょうと》　薩摩藩蔵屋敷跡《さつまはんくらやしきあと》

官軍《かんぐん》の江戸城総攻撃《えどじょうそうこうげき》を前《まえ》に、西郷隆盛《さいごうたかもり》と勝海舟《かつかいしゅう》の会談《かいだん》が行《おこな》われた。

京都府《きょうとふ》　御香宮《ごこうぐう》

鳥羽伏見《とばふしみ》の戦《たたか》いで薩長軍《さっちょうぐん》はこの付近《ふきん》に布陣《ふじん》し、激《はげ》しい攻撃《こうげき》を加《くわ》えた。

鹿児島県《かごしまけん》　西郷隆盛銅像《さいごうたかもりどうぞう》

西郷《さいごう》が自刃《じじん》した城山《しろやま》に建《た》てられた銅像《どうぞう》。製作者《せいさくしゃ》は「忠犬《ちゅうけん》ハチ公《こう》」像《ぞう》も作《つく》った安藤照《あんどうてる》。

鹿児島県《かごしまけん》　南洲流謫跡《なんしゅうるたくあと》

奄美大島《あまみおおしま》で妻《つま》・愛加那《あいかな》、息子《むすこ》・菊次郎《きくじろう》と一緒《いっしょ》に暮《く》らしていた家《いえ》。

新・歴史人物伝

『西郷隆盛』

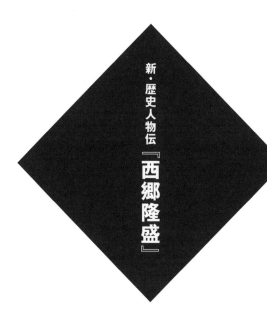

もくじ

一、五《いつ》ふし草《くさ》の涙《なみだ》

西郷吉之助隆盛《さいごうきちのすけたかもり》は、文政十年《ぶんせいねん》（一八二七年《ねん》）十二月七日《がっか》に、薩摩国《さつまのくに》、下加治屋町《したかじやまち》に生《う》まれた。

吉之助《きちのすけ》は長男《ちょうなん》で、弟《おとうと》に二男《なん》と三男《なん》があり、三人《にん》の姉妹《しまい》があった。

下加治屋町《したかじやまち》とは、どの屋敷《やしき》も敷地《しきち》は三百坪《つぼ》ほど、農家《のうか》のような家並《いえなみ》が続《つづ》いて、敷地《しきち》の多《おお》くは自給自足《じきゅうじそく》の畑《はたけ》になっている下級藩士《かきゅうはんし》の町《まち》であった。

その下級藩士《かきゅうはんし》の父《ちち》、西郷吉兵衛《さいごうきちべえ》は、島津家《しまづけ》の重臣《じゅうしん》、赤山靭負《あかやまゆきえ》に仕《つか》えていた。

「赤山家《あかやまけ》はのう、薩摩藩《さつまはん》の島津家当主一門家《しまづけとうしゅいちもんけ》に次《つ》ぐ名門《めいもん》じゃ。代々家老《だいだいかろう》といった重職《じゅうしょく》につくようなお家柄《いえがら》じゃぞ」

父《ちち》はいつもそう言《い》って、靭負《ゆきえ》の身近《みぢか》に仕《つか》えることを誇《ほこ》りとしていた。

そんな町《まち》で、吉之助《きちのすけ》は、友人《ゆうじん》たちから「うどみさぁ」「うどめさぁ」「うーとん」などと呼《よ》ばれていた。

うどみ、うどめとは、薩摩言葉《さつまことば》で、大《おお》きな人《ひと》、大目玉《おおめだま》といった意味《いみ》があって、吉之助《きちのすけ》は黒《くろ》ダイヤのような光《ひか》る大《おお》きな目玉《めだま》をしていたからだ。

そのうえに、少年《しょうねん》とは思《おも》えぬ巨漢《きょかん》に育《そだ》っていたからでもある。だがそれは吉之助《きちのすけ》だけではなく、薩摩人《さつまじん》の多《おお》くが豚《ぶた》やうさぎといった肉食《にくしょく》をしていたので、普通《ふつう》の日本人《にほんじん》より大《おお》きかったということもある。

この薩摩国《さつまのくに》には、武士《ぶし》の子《こ》の七歳《さい》から十歳《さい》ぐらいから、二十四、五歳《さい》ぐらいまでの青年《せいねん》たちが、そろって勉強《べんきょう》する郷中《ごじゅう》という学校《がっこう》があった。

子《こ》どもらはみんな、年上《としうえ》の者《もの》が年下《としした》の者《もの》を教《おし》えて、郷中内《ごじゅうない》のどの先生《せんせい》のところへ行《い》って、どんな教《おし》えを受《う》けるかも年上《としうえ》の者《もの》が決《き》めた。

吉之助《きちのすけ》の幼《おさな》なじみの大久保正助《おおくぼしょうすけ》（後《のち》の大久保利通《おおくぼとしみち》）の父《ちち》、大久保利世《おおくぼとしよ》なども、郷中内《ごじゅうない》の先生《せんせい》であったが、それらは学校《がっこう》というより、多《おお》くは郷中《ごじゅう》の年齢《ねんれい》の違《ちが》う若者《わかもの》たちのなかから、稚児頭《ちごがしら》（少年部《しょうねんぶ》のリーダー）を選《えら》んで運営《うんえい》する若者《わかもの》だけの組織《そしき》であった。

また、この郷中教育《ごじゅうきょういく》には、方限《ほうぎり》と呼《よ》ばれる地域《ちいき》の区分《くわ》けがあったが、そこは血気盛《けっきさか》んな若者《わかもの》ばかりのこと、区分《くわ》けされた郷中同士《ごじゅうどうし》の競争《きょうそう》などもあった。

そんななか、吉之助《きちのすけ》が十三歳《さい》の頃《ころ》であった。

「うーとん、もうすぐお祭《まつ》りやなあ」

下加治屋町郷中《したかじやまちごじゅう》の一人《ひとり》、吉之助《きちのすけ》より一歳年下《さいとしした》の吉井幸輔《よしいこうすけ》（後《のち》の吉井友実《よしいともざね》）が言《い》った。

「楽《たの》しみやなあ。おいは、ひいじいちゃんのよろいを着《き》っど！」

三歳下《さいした》の大久保正助《おおくぼしょうすけ》も言《い》った。

そこには、たまたま、吉之助《きちのすけ》を兄《あに》のように慕《した》う九歳下《さいした》の村田新八《むらたしんぱち》も遊《あそ》びに来《き》ていたが、

「おいが着《き》れるよろいがなか……」と泣《な》きべそをかいた。

幼《おさな》すぎて、家代々《いえだいだい》に伝《つた》わる大《おお》きく重《おも》いよろいを着《き》られないのだ。

「新八《しんぱち》、なら、お前《めえ》のよろいは、おいが作《つく》ってやる」

吉之助《きちのすけ》はそう言《い》って、森《もり》の木《き》をうすく割《わ》って、よろいのようにひもで編《あ》み込《こ》み結《むす》んだ。その上《うえ》から墨《すみ》を塗《ぬ》ると、黒《くろ》いよろいができたので、その日《ひ》、新八《しんぱち》は大喜《おおよろこ》びで家《いえ》へ持《も》ち帰《かえ》った。


こうして、みんなが楽《たの》しみにしているのは、戦国時代《せんごくじだい》の薩摩《さつま》、島津軍《しまづぐん》をしのぶ行事《ぎょうじ》「妙《みょう》円寺詣《えんじまい》り」という祭《まつ》りであった。

毎年《まいとし》、九月《がつ》十四日《か》の宵《よい》に、甲冑《かっちゅう》を身《み》にまとった郷中《ごじゅう》の子《こ》どもや若者《わかもの》たちが妙円寺《みょうえんじ》に詣《まい》って、そのまま翌日《よくじつ》の祭礼《さいれい》にも参加《さんか》するという薩摩《さつま》の年中行事《ねんちゅうぎょうじ》だ。

その日《ひ》は、昨夜来《さくやらい》の雨《あめ》のせいか、道《みち》はぬかるんでいた。

そのなか、みんなで甲冑《かっちゅう》をまとって、揚々《ようよう》と妙円寺《みょうえんじ》へ向《む》かっていた。

吉之助《きちのすけ》は、下加治屋町郷中《したかじやまちごじゅう》の子《こ》ども組《ぐみ》の稚児頭《ちごがしら》だったが、吉之助《きちのすけ》がよろいを作《つく》ってやった村田新八《むらたしんぱち》は方限《ほうぎり》がちがうので、同《おな》じ郷中《ごじゅう》ではなかった。

だが、この妙円寺詣《みょうえんじまい》りの行列《ぎょうれつ》のどこかにいるはずだった。

(おいが作《つく》ってやったよろいを着《き》て、喜《よろこ》んどるじゃろうな)

吉之助《きちのすけ》がそう思《おも》ったときだった。

前《まえ》を行《い》く行列《ぎょうれつ》から激《はげ》しい泣《な》き声《ごえ》が聞《き》こえた。

吉之助《きちのすけ》は、つい新八《しんぱち》を思《おも》って、前《まえ》を行《い》く郷中《ごじゅう》を見《み》た。

「どげんした？」

すると、薩摩藩《さつまはん》あげての妙円寺詣《みょうえんじまい》りを見物《けんぶつ》に来《き》たのか、まだ三つばかりの幼児《ようじ》が泥《どろ》だらけになって泣《な》きじゃくっていた。

目尻《めじり》ではないが、目《め》と鼻筋《はなすじ》の間《あいだ》に、泣《な》きぼくろのようなほくろがある子《こ》だ。

前《まえ》の郷中《ごじゅう》は上方限《かみほうぎり》だったので、新八《しんぱち》の郷中《ごじゅう》ではないし、その子《こ》は知《し》らない子《こ》だった。

だが、上方限《かみほうぎり》の者《もの》が、「のけっ」と、その子《こ》をけるのが見《み》えた。

その子《こ》を連《つ》れてきたのか、子守《こも》りらしい下働《したばたら》きの娘《むすめ》がおろおろしているところへ、飛《と》び出《だ》して行《い》ったのは、西郷家《さいごうけ》の従僕《じゅうぼく》、権兵衛《ごんべえ》であった。

権兵衛《ごんべえ》は、いつも西郷家《さいごうけ》の子《こ》どもたちを我《わ》が子《こ》か孫《まご》のように気《き》づかってくれる優《やさ》しい爺《じい》やで、この日《ひ》も、吉之助《きちのすけ》を見送《みおく》りに来《き》てくれたのだ。

泣《な》く子《こ》をかばおうとしている権兵衛《ごんべえ》を、上方限《かみほうぎり》の者《もの》が、「きもげるっ、下《さ》がれっ」とどなりつけて、またけろうとした。

「きもげる」とは、薩摩弁《さつまべん》でいらだつという意味《いみ》であった。

そのとき、めったに大《おお》きな声《こえ》を出《だ》さない吉之助《きちのすけ》が、「何《なん》やっちょるっ」と叫《さけ》んで、上方《かみほう》限《ぎり》の郷中《ごじゅう》に分《わ》け入《い》った。

「もうよか。武士《ぶし》たるもんが、赤子《あかご》や年寄《としよ》り相手《あいて》に、そげなこつ、ならん、ならんっ」

吉之助《きちのすけ》が進《すす》み出《で》て、その乱暴者《らんぼうもの》を、ドンと突《つ》き飛《と》ばした。

その乱暴者《らんぼうもの》は、上方限郷中《かみほうぎりごじゅう》の稚児頭《ちごがしら》、横堀三助《よこぼりさんすけ》だった。

すると、三助《さんすけ》だけでなく、上方限《かみほうぎり》の郷中《ごじゅう》の者《もの》らが、わっと、つかみかかってきた。

同時《どうじ》に、吉之助《きちのすけ》の幼《おさな》なじみ、吉井幸輔《よしいこうすけ》が「なんばしよっと！」と分《わ》け入《い》ったので、下加《したか》治屋町郷中《じゃまちごじゅう》の若者《わかもの》らも参戦《さんせん》して、妙円寺詣《みょうえんじまい》りは、思《おも》わぬ大相撲《おおずもう》のような素手《すで》と素手《すで》の乱戦《らんせん》になってしまった。

「言《い》うてわからんなら、こうじゃっ！」

吉之助《きちのすけ》は、上方限《かみほうぎり》の横堀三助《よこぼりさんすけ》を、水《みず》たまりへ投《な》げ飛《と》ばした。

仲間《なかま》から「うーとん」とも呼《よ》ばれている巨漢《きょかん》の吉之助《きちのすけ》であったので、投《な》げ飛《と》ばされた三《さん》助《すけ》はしばし昏倒《こんとう》してしまい、稚児頭《ちごがしら》を倒《たお》された上方限《かみほうぎり》の郷中《ごじゅう》は、てんでバラバラに、その場《ば》から逃《に》げ去《さ》ってしまった。

勝《か》ち残《のこ》った下加治屋町《したかじやまち》の郷中《ごじゅう》の若者《わかもの》らは、どっとわいた。

その中《なか》、権兵衛《ごんべえ》は泣《な》いていた子《こ》を拾《ひろ》い上《あ》げ、子守《こも》りの娘《むすめ》に抱《だ》き取《と》らせて、

「なじみの子守《こも》りっこが、坊《ぼう》さぁに妙円寺詣《みょうえんじまい》りを見《み》せてやろうっちゅうて、来《き》ちょりましたのが、坊《ぼう》さぁがまぎれてしもうて……ありがとごわす」

と、吉之助《きちのすけ》に礼《れい》を言《い》いつつ、ふところの握《にぎ》り飯《めし》を、その子《こ》にやった。

今《いま》の今《いま》まで泣《な》いていた子《こ》が、その握《にぎ》り飯《めし》にむしゃぶりついて、はぐはぐほおばり始《はじ》めた。

「おお、坊《ぼう》は、握《にぎ》り飯《めし》が好《す》きか？」

吉之助《きちのすけ》が聞《き》くと、坊《ぼう》は、頬《ほお》やらあごやらにいくつも飯粒《めしつぶ》をつけたまま、「うん、うん」とうなずく。握《にぎ》り飯《めし》に練《ね》りこんだらしい味噌《みそ》が、あまく香《かお》った。

その可愛《かわい》さに、ほっとした吉之助《きちのすけ》は微笑《ほほえ》んだ。

「権兵衛《ごんべえ》。礼《れい》は、おいが言《い》うところじゃ。よう、坊《ぼう》さぁを救《すく》うてくれたのう」

吉之助《きちのすけ》は幼《おさな》い頃《ころ》、そうやって権兵衛《ごんべえ》に可愛《かわい》がってもらったことを思《おも》い出《だ》し、自分《じぶん》のことのように嬉《うれ》しかった。


そんなことのあった翌年《よくねん》であった。

薩摩《さつま》の藩校《はんこう》からの帰《かえ》り、吉之助《きちのすけ》は一人《ひとり》、雨《あめ》の夜道《よみち》を歩《ある》いていた。

と、突然《とつぜん》、背後《はいご》で風《かぜ》が動《うご》いたので、吉之助《きちのすけ》はとっさに身体《からだ》をひねった。

とたん、肩《かた》を狙《ねら》ってきたらしい曲者《くせもの》の得物《えもの》が、吉之助《きちのすけ》のひじにぶつかり、真《ま》っ二《ぷた》つに割《わ》れた。それは、さやごとの刀《かたな》で、割《わ》れたのはさやであった。

さやごとの刀《かたな》で襲《おそ》いかかってきたのは、あの上方限《かみほうぎり》の横堀三助《よこぼりさんすけ》であった。

「なんばしょっとっ！」

吉之助《きちのすけ》は、三助《さんすけ》をとっておさえ、投《な》げ飛《と》ばした。

投《な》げ飛《と》ばされた三助自身《さんすけじしん》も、吉之助《きちのすけ》を殺《ころ》すつもりなどはなく、単《たん》なる妙円寺詣《みょうえんじまい》りの報復《ほうふく》であったらしい。

だが、刀《かたな》のさやごと打《う》ったはずが、真《ま》っ二《ぷた》つにさやが割《わ》れ、現《あらわ》れた白刃《しらは》が吉之助《きちのすけ》の平服《へいふく》を切《き》りさき、その右《みぎ》ひじを薙《な》いでしまった。

吉之助《きちのすけ》の右肩先《みぎかたさき》から右《みぎ》ひじをつたう夜目《よめ》にも赤《あか》い血色《ちいろ》……を見《み》て、三助《さんすけ》は仰天《ぎょうてん》して逃《に》げてしまった。

「うっ、痛《つ》つつつつ……！」

吉之助《きちのすけ》も尋常《じんじょう》ではない痛《いた》みに、とっさに医者《いしゃ》へ走《はし》った。

このときの吉之助《きちのすけ》は剣術稽古《けんじゅつけいこ》の帰《かえ》りでもあったが、胴着《どうぎ》など一切《いっさい》身《み》に着《つ》けていなかったのだ。

なぜなら、薩摩《さつま》の流儀《りゅうぎ》であった示現流《じげんりゅう》は、どんな不意《ふい》打《う》ちでもすぐ戦《たたか》える剣法《けんぽう》を目指《めざ》していたので、どれほど不利《ふり》な立場《たちば》であっても、敵《てき》を打《う》ち負《ま》かすのが示現流《じげんりゅう》であったからだ。

それゆえ、剣術稽古《けんじゅつけいこ》にも、他流《たりゅう》のような胴着《どうぎ》、面小手《めんこて》なども用《もち》いない。

つまり、吉之助《きちのすけ》は裸同然《はだかどうぜん》の平服《へいふく》であったので、この襲撃《しゅうげき》によって負《お》った傷《きず》は思《おも》いのほか深《ふか》かった。

傷口《きずぐち》はいえても、右腕《みぎうで》が充分《じゅうぶん》に伸《の》びなくなってしまったのだ。

つまらぬ争《あらそ》いで、剣《けん》で身《み》を立《た》てるのをあきらめねばならぬほどの傷《きず》を負《お》ってしまった吉《きち》之助《のすけ》は、しばらく、郷中《ごじゅう》にも出《で》られぬほどであった。

だが、ある日《ひ》、父《ちち》、吉兵衛《きちべえ》によって、赤山靭負《あかやまゆきえ》の屋敷《やしき》に伴《ともな》われた。

父《ちち》から初《はじ》めて引《ひ》き合《あ》わされた靭負《ゆきえ》は、島津《しまづ》の殿《との》さまのような気品《きひん》のある方《かた》で、しかも、まるで我《わ》が子《こ》に接《せっ》するように、吉之助《きちのすけ》に話《はな》しかけてくれた。

「のう、吉之助《きちのすけ》。我《わ》が島津《しまづ》は、戦国《せんごく》の頃《ころ》より、海《うみ》の向《む》こうの明国《みんこく》からも、「石曼子《シーマンズ》」と呼《よ》ばれ、その強《つよ》さを恐《おそ》れられた国《くに》だ。……だが、今《いま》の世《よ》は、武《ぶ》より才《さい》である。学問《がくもん》、才覚《さいかく》に抜《ぬ》きん出《で》れば、身分《みぶん》など二の次《つぎ》だ。剣術《けんじゅつ》などより必《かなら》ず道《みち》は開《ひら》く。過《す》ぎたことにとらわれ、今《いま》を見失《みうしな》ってはならぬぞ」

そうかけられた言葉《ことば》に胸《むね》打《う》たれ、「ははっ」とひれ伏《ふ》した吉之助《きちのすけ》に、靭負《ゆきえ》はおだやかに微笑《ほほえ》んだ。

「そう固《かた》くならずともよい。忠義《ちゅうぎ》もご奉公《ほうこう》も、肩《かた》の力《ちから》をぬいてかかるがよいぞ」

このとき、吉之助《きちのすけ》は、ただ一心《いっしん》に学問《がくもん》に身《み》を入《い》れようと決意《けつい》した。

ただし、靭負《ゆきえ》の言《い》った「肩《かた》の力《ちから》をぬく」ということだけは、吉之助《きちのすけ》は、生涯《しょうがい》苦手《にがて》であったのかもしれない。

このとき、赤山靭負《あかやまゆきえ》の弟《おとうと》、桂久武《かつらひさたけ》がやって来《き》て笑《わら》った。

「いかんいかん。西郷《さいごう》どん、そいじゃ、ちいとも力《ちから》が抜《ぬ》けちょらん」

と言《い》いつつ、吉之助《きちのすけ》に茶《ちゃ》を出《だ》してくれた。

靭負《ゆきえ》に似《に》てはいるが、ずっと気安《きやす》く見《み》える久武《ひさたけ》にほっとして、「お、かたじけなか……」

と礼《れい》を言《い》い、吉之助《きちのすけ》が茶《ちゃ》に口《くち》をつけた。

「わ、わっちちち……」

茶《ちゃ》が熱《あつ》すぎて、吉之助《きちのすけ》があわてたのと、

「おっと、いかん。兄上《あにうえ》からは茶《ちゃ》は人肌《ひとはだ》と教《おそ》わったどん、またやっちまったか⁉」と、久《ひさ》武《たけ》が頭《あたま》をかいたのがほとんど同時《どうじ》だった。

その場《ば》で、あきれた靭負《ゆきえ》も、吉之助《きちのすけ》も久武《ひさたけ》も、つい笑《わら》ってしまった。

このときから、久武《ひさたけ》は吉之助《きちのすけ》と兄弟《きょうだい》のようにつき合《あ》ってくれるようになった。


こうして、郷中《ごじゅう》で「兵児二才《へこにせ》」と呼《よ》ばれる青年武士《せいねんぶし》となった吉之助《きちのすけ》は、弘化元年《こうかがんねん》（一八四四年《ねん》）に、十八歳《さい》で藩《はん》に出仕《しゅっし》することになった。

吉之助《きちのすけ》の最初《さいしょ》の仕事《しごと》は、「郡方書役助《こおりかたかきやくたすけ》」であった。

郡方《こおりかた》とは、藩内《はんない》の農地《のうち》の年貢《ねんぐ》を決《き》めたりする役人《やくにん》で、書役助《かきやくたすけ》とは、その書記《しょき》であり助手《じょしゅ》でもあった。

このときに吉之助《きちのすけ》がつかえた上司《じょうし》は、郡方《こおりかた》の奉行《ぶぎょう》、迫田利済《さこたとしなり》であった。迫田《さこた》は穏《おだ》やかな人物《じんぶつ》であったが、一方《いっぽう》で、藩《はん》や役人《やくにん》らの好《す》き勝手《かって》な農政《のうせい》に苦《くる》しめられる農民《のうみん》の立場《たちば》こそ大切《たいせつ》であると、真剣《しんけん》に考《かんが》える人《ひと》でもあった。

ある年《とし》、農家《のうか》の台風被害《たいふうひがい》や水害《すいがい》を検分《けんぶん》していた迫田《さこた》に、藩庁《はんちょう》から、「多少《たしょう》の台風被害《たいふうひがい》があっても、年貢《ねんぐ》の減免《げんめん》など認《みと》めぬように」という通達《つうたつ》があった。

迫田《さこた》は、この一方的《いっぽうてき》な通達《つうたつ》に怒《いか》り、検分《けんぶん》を中止《ちゅうし》し、無言《むごん》で宿舎《しゅくしゃ》へ帰《かえ》ってしまった。

これら薩摩領《さつまりょう》は、霧島《きりしま》、桜島《さくらじま》の火山灰《かざんばい》が堆積《たいせき》したシラス台地《だいち》が多《おお》く、農地《のうち》としてはやせていて、さらに、たびたび台風《たいふう》に見舞《みま》われるという風土《ふうど》でもあったので、農民《のうみん》はみな貧《まず》しかったのだ。

一方《いっぽう》、吉之助《きちのすけ》も農地《のうち》や農家《のうか》をめぐって検分《けんぶん》していたが、その夜《よる》は遅《おそ》くなり、検分《けんぶん》した農《のう》家《か》に泊《と》めてもらうことになった。

その農家《のうか》で、吉之助《きちのすけ》は、胸《むね》に迫《せま》る光景《こうけい》を目《め》にした。

深夜《しんや》であった。

厠《かわや》へ立《た》った吉之助《きちのすけ》は、牛小屋《うしごや》から響《ひび》いてくる、泣《な》き声《ごえ》を聞《き》いたのだ。

泣《な》いているのは牛《うし》ではなく、人《ひと》であった。

「すまん。許《ゆっ》してくれ！」

泣《な》きながら牛《うし》にわびているのは、この農家《のうか》の主人《しゅじん》であった。

「水害《すいがい》にやられてしもうて、年貢《ねんぐ》を納《おさ》められん。……もう、お前《め》を売《う》っしかなか。かんべんしてくれぇ……っ」

それを聞《き》いた吉之助《きちのすけ》は深《ふか》く胸《むね》を痛《いた》め、翌日《よくじつ》、迷《まよ》わず、迫田《さこた》の宿舎《しゅくしゃ》を訪《たず》ねた。

「農民《のうみん》の窮乏《きゅうぼう》は見《み》ていられもさん。何《なん》とか、なりもさんか？」

そう言《い》う吉之助《きちのすけ》に、迫田《さこた》は黙《だま》ったまま、墨《すみ》をたっぷり含《ふく》ませた筆《ふで》を手《て》にして、宿舎《しゅくしゃ》の壁《かべ》に書《か》きつけた。

虫《むし》よ虫《むし》よ　五《いつ》ふし草《くさ》の根《ね》を絶《た》つな
絶《た》たばおのれもともに枯《か》れなん

「五《いつ》ふし草《くさ》」は稲《いね》を指《さ》している。稲《いね》には五つ節《ふし》があるからだが、この場合《ばあい》、迫田《さこた》は、農民《のうみん》を「五《いつ》ふし草《くさ》」にたとえた。そして、「虫《むし》よ」と呼《よ》びかけたのは、この国《くに》の支配者《しはいしゃ》、藩主《はんしゅ》であったのだろうと、吉之助《きちのすけ》は思《おも》った。

吉之助《きちのすけ》の初《はじ》めての上司《じょうし》、迫田利済《さこたとしなり》は、このような正義感《せいぎかん》の強《つよ》い、温情深《おんじょうぶか》き人物《じんぶつ》であった。屋敷《やしき》の壁《かべ》が落《お》ち、屋根《やね》やひさしが破《やぶ》れていても、修理《しゅうり》しようともしなかったのは迫田《さこた》が貧《まず》しかったからだが、屋敷《やしき》を美《うつく》しく飾《かざ》るなどの欲《よく》のない人《ひと》でもあった。

雨《あめ》の日《ひ》に、迫田《さこた》を訪《たず》ねた吉之助《きちのすけ》は、邸内《ていない》の雨漏《あまも》りがひどく、とても話《はな》してはいられなかった。

そのとき、迫田《さこた》は押《お》し入《い》れに入《はい》って、吉之助《きちのすけ》を手招《てまね》きした。

「押《お》し入《い》れの中《なか》なら、ぬれんでのう」と笑《わら》う迫田《さこた》に、さすがの吉之助《きちのすけ》もあきれた。

「迫田《さこた》さま、このお住《す》まいは、何《なん》とかなさらねば……」と言《い》えば、

「いやいや、屋敷《やしき》より、庭《にわ》の老松《おいまつ》じゃ。あの垂《た》れている枝《えだ》だけでも、なんとか支《ささ》えてやりたい」と、迫田《さこた》はこたえた。

その答《こた》えが、吉之助《きちのすけ》の胸《むね》に迫《せま》った。

この迫田利済《さこたとしなり》は、この後《のち》に、農民《のうみん》の苦《くる》しさをはねつける農政《のうせい》に怒《いか》って、郡方《こおりかた》の奉行職《ぶぎょうしょく》を

辞任《じにん》してしまった。

吉之助《きちのすけ》はこの迫田《さこた》を敬愛《けいあい》し、自《みずか》らも貧《まず》しい下級武士《かきゅうぶし》でありながら、年貢《ねんぐ》に苦《くる》しむ農民《のうみん》らに、藩《はん》から受《う》ける自分自身《じぶんじしん》の扶持《ふち》（給料《きゅうりょう》）の一部《いちぶ》を与《あた》えたりするのだった。

二、お由羅騒動《ゆらそうどう》

このときの薩摩藩主《さつまはんしゅ》は島津斉興《しまづなりおき》であったが、その後見《こうけん》は先々代《せんせんだい》の藩主《はんしゅ》であり、今《いま》は隠居《いんきょ》でもある島津重豪《しまづしげひで》であった。

重豪《しげひで》は、この時代《じだい》の人《ひと》としては、最《もっと》も先進的《せんしんてき》であり、むしろ、時代《じだい》の方《ほう》が重豪《しげひで》に追《お》い付《つ》いていなかったともいえる。

重豪《しげひで》の娘《むすめ》は、将軍《しょうぐん》になる前《まえ》の一橋家《ひとつばしけ》に嫁《とつ》いでいたので、その夫《おっと》、家斉《いえなり》が将軍《しょうぐん》となると、重豪《しげひで》は将軍《しょうぐん》の岳父《がくふ》（しゅうと）となった。

その将軍《しょうぐん》、家斉《いえなり》自身《じしん》も徳川家代々《とくがわけだいだい》の富《とみ》をいちじるしく散財《さんざい》した将軍《しょうぐん》と言《い》われたが、その家斉《いえなり》が「薩摩《さつま》のしゅうと殿《どの》にはかなわぬ」と言《い》うほど、重豪《しげひで》は、高価《こうか》な西洋《せいよう》の文物《ぶんぶつ》を買《か》いこんでいた。

そのせいもあって、薩摩藩《さつまはん》の財政《ざいせい》は危機《きき》にひんしたのだが、重豪《しげひで》の成《な》したさまざまなこと――学問《がくもん》を学《まな》ぶ造士館《ぞうしかん》、武術《ぶじゅつ》を修行《しゅぎょう》する演武館《えんぶかん》などの藩校《はんこう》を創設《そうせつ》したことや、中国語辞典《ちゅうごくごじてん》や、百科事典《ひゃっかじてん》を編《へん》さんさせたこと、江戸《えど》と薩摩《さつま》に薬草園《やくそうえん》を設《もう》けたり、天文暦法《てんもんれきほう》の研究所《けんきゅうじょ》、明時館《めいじかん》を建《た》てたりしたことは、後《のち》の島津家《しまづけ》にとって大《おお》きな貢献《こうけん》となった。

それらはすべて、後《のち》の薩摩《さつま》の発展《はってん》にもつながったが、重豪《しげひで》の父《ちち》の時代《じだい》に、幕府《ばくふ》から木曽川《きそがわ》の治水工事《ちすいこうじ》などを命《めい》じられ、その費用《ひよう》もかさんでいたので、そのうえに重豪《しげひで》の借金《しゃっきん》が重《かさ》なり、薩摩藩《さつまはん》の藩債《はんさい》は膨大《ぼうだい》なものとなってしまっていた。

そのかさんだ借金《しゃっきん》の責任《せきにん》もあって、重豪《しげひで》は隠居《いんきょ》し、息子《むすこ》の斉宣《なりのぶ》に島津家《しまづけ》の当主《とうしゅ》を譲《ゆず》ったが、実権《じっけん》そのものはまだ重豪《しげひで》にあった。

結局《けっきょく》、息子《むすこ》の斉宣《なりのぶ》を隠居《いんきょ》させたのも重豪《しげひで》で、斉宣《なりのぶ》の息子《むすこ》で、重豪《しげひで》の孫《まご》にあたる斉興《なりおき》を当主《とう》に立《た》て、その斉興《なりおき》の後見《こうけん》となった重豪《しげひで》は、このときも藩《はん》の実権《じっけん》をにぎり続《つづ》けていた。

そして、この斉興《なりおき》の正妻《せいさい》から生《う》まれた長男《ちょうなん》が、薩摩《さつま》の賢君《けんくん》として名高《なだか》い島津斉彬《しまづなりあきら》である。

曽祖父《そうそふ》にあたる重豪《しげひで》は、天保《てんぽう》四年《ねん》（一八三三年《ねん》）に、八十九歳《さい》という長寿《ちょうじゅ》にて大往生《だいおうじょう》を遂《と》げる日《ひ》まで、この斉彬《なりあきら》をいたく可愛《かわい》がった。

この流《なが》れで考《かんが》えれば、斉彬《なりあきら》が後継者《こうけいしゃ》で、斉興《なりおき》に次《つ》ぐ藩主《はんしゅ》となるはずであったのだが、その父《ちち》であり、このときの当主《とうしゅ》であった斉興《なりおき》には正妻《せいさい》のほかに側室《そくしつ》があった。

当時《とうじ》、大名《だいみょう》の正妻《せいさい》とその子《こ》らは幕府《ばくふ》の人質《ひとじち》としての意味《いみ》もあり、江戸屋敷《えどやしき》で暮《く》らさねばならなかったが、大名自身《だいみょうじしん》は参勤交代《さんきんこうたい》で江戸《えど》へ入《はい》るのみで、国《くに》もとで長《なが》く国《くに》を治《おさ》めねばならないので、当然《とうぜん》、一夫多妻《いっぷたさい》となり、国《くに》もとには側室《そくしつ》がいた。

そのなかでも、正妻《せいさい》に近《ちか》い立場《たちば》の側室《そくしつ》を、「お国御前《くにごぜん》」と呼《よ》んだ。

このお国御前《くにごぜん》のお由羅《ゆら》の方《かた》を斉興《なりおき》は溺愛《できあい》していた。

お由羅《ゆら》は、国《くに》もとで、斉興《なりおき》にとって五番目《ばんめ》の子《こ》にあたる息子《むすこ》を産《う》みおとした。

その子《こ》が、島津久光《しまづひさみつ》である。

斉興《なりおき》は、遠《とお》い江戸《えど》の正室《せいしつ》（正妻《せいさい》）の子《こ》である斉彬《なりあきら》より、この久光《ひさみつ》にこそ藩《はん》を継《つ》がせたいと望《のぞ》んだ。

同時《どうじ》に、久光《ひさみつ》を当主《とうしゅ》とすべきであると騒《さわ》ぐ家臣《かしん》の一派《いっぱ》も増《ふ》えていった。

この頃《ころ》、重豪《しげひで》の積《つ》み重《かさ》ねた藩債《はんさい》（借金《しゃっきん》）は、なんと五百万両《りょう》にもなっていたのだが、重《しげ》豪《ひで》から斉興《なりおき》に引《ひ》き継《つ》がれた家老《かろう》が幕府《ばくふ》に隠《かく》れて密貿易《みつぼうえき》をしたり、琉球《りゅうきゅう》の砂糖《さとう》を専売制《せんばいせい》にしたりして、さまざまな財政改革《ざいせいかいかく》も行《おこな》って、天保《てんぽう》十一年《ねん》（一八四〇年《ねん》）には、二百五十万両《りょう》のたくわえができるほど、薩摩藩《さつまはん》の財政《ざいせい》を回復《かいふく》させた。

重豪《しげひで》亡《な》き後《あと》、この家老《かろう》が、久光《ひさみつ》を藩主《はんしゅ》にと願《ねが》う一派《いっぱ》の頭目《とうもく》となったが、藩内《はんない》は、正統《せいとう》な斉彬《なりあきら》にこそ藩主《はんしゅ》を継《つ》いでもらいたいと考《かんが》える斉彬派《なりあきらは》も多《おお》く、久光派《ひさみつは》とにらみ合《あ》うようになった。

実際《じっさい》、現藩主《げんはんしゅ》の島津斉興《しまづなりおき》がいくら望《のぞ》んでも、すでに幕府《ばくふ》に届《とど》け出《で》た後継者《こうけいしゃ》である斉彬《なりあきら》は、正当《せいとう》な理由《りゆう》もなく廃嫡《はいちゃく》（後継者《こうけいしゃ》からはずすこと）にはできなかった。

そこで、斉彬《なりあきら》を藩主《はんしゅ》として立《た》たせぬために、斉興《なりおき》はいつまでも隠居《いんきょ》せず、老《お》いても藩主《はんしゅ》の座《ざ》に居座《いすわ》り続《つづ》けたのだ。

このため、息子《むすこ》が元服《げんぷく》すれば藩主《はんしゅ》をゆずるのが常《つね》であったこの頃《ころ》に、斉彬《なりあきら》は結婚《けっこん》し、子《こ》も成《な》し、三十代《だい》になっても、江戸屋敷《えどやしき》の若君《わかぎみ》に過《す》ぎなかった。

だが、この久光派《ひさみつは》の家老《かろう》は、幕府老中首座《ばくふろうじゅうしゅざ》、阿部正弘《あべまさひろ》から、密貿易《みつぼうえき》について追及《ついきゅう》され、一人《ひとり》、罪《つみ》を負《お》って服毒自害《ふくどくじがい》してしまった。

結果《けっか》、藩《はん》や、藩主《はんしゅ》の斉興《なりおき》には密貿易《みつぼうえき》の責任《せきにん》がおよばず、久光派《ひさみつは》と斉彬派《なりあきらは》の対立《たいりつ》はそれからも続《つづ》くことになった。

だが、その後《ご》、斉彬《なりあきら》の息子《むすこ》や娘《むすめ》が次々《つぎつぎ》に亡《な》くなるという怪事《かいじ》が起《お》こったので、斉彬派《なりあきらは》の家臣《かしん》らは、それを、お由羅《ゆら》の調伏《ちょうぶく》（人《ひと》を呪《のろ》い殺《ころ》すこと）だと疑《うたが》い、怒《いか》りをつのらせた。

こうして、家臣《かしん》二派《は》の対立《たいりつ》は、ついに斉彬派《なりあきらは》の者《もの》たちが、お由羅《ゆら》や、その一派《いっぱ》の暗殺計《あんさつけい》画《かく》をはかるまでに至《いた》ってしまい、その計画《けいかく》が藩主斉興《はんしゅなりおき》の耳《みみ》に入《はい》ってしまった。

激怒《げきど》した斉興《なりおき》は、斉彬派《なりあきらは》の家臣《かしん》をことごとく弾圧《だんあつ》し始《はじ》めた。

嘉永《かえい》三年《ねん》（一八五〇年《ねん》）のこのとき、吉之助《きちのすけ》は、数《かぞ》え年《どし》で二十四歳《さい》となって身長《しんちょう》は六尺《しゃく》（一八二センチほど）となった。

吉之助《きちのすけ》は郡方《こおりかた》に勤《つと》めて六年目《ねんめ》になっていたが、薩摩藩《さつまはん》には、お由羅騒動《ゆらそうどう》によって激震《げきしん》が走《はし》っていた。

斉彬派《なりあきらは》の町奉行《まちぶぎょう》や船奉行《ふなぶぎょう》などの重臣《じゅうしん》らが、お由羅《ゆら》一派《いっぱ》の重臣暗殺《じゅうしんあんさつ》をくわだてた罪《つみ》をとわれ、斉興《なりおき》より切腹《せっぷく》を命《めい》じられ、遠島《えんとう》（島流《しまなが》し）などの処分《しょぶん》になった者《もの》が、なんと五十名《めい》にものぼったのだ。

下加治屋町郷中《したかじやまちごじゅう》である下級武士《かきゅうぶし》の学問仲間《がくもんなかま》、吉之助《きちのすけ》や大久保正助《おおくぼしょうすけ》といった若者《わかもの》らは直接《ちょくせつ》騒動《そうどう》にはかかわっていなかったが、郷中仲間《ごじゅうなかま》の大久保正助《おおくぼしょうすけ》が、吉之助《きちのすけ》に言《い》った。

「父《ちち》が斉彬派《なりあきらは》であったというので喜界島《きかいじま》に流《なが》されてしまう！」と。

さらに、正助自身《しょうすけじしん》も記録所書役助《きろくじょかきやくたすけ》としてすでに出仕《しゅっし》していたにもかかわらず、父《ちち》に連座《れんざ》（連帯責任《れんたいせきにん》で処罰《しょばつ》されること）して謹慎処分《きんしんしょぶん》となってしまったのだ。

以後《いご》、藩《はん》からの扶持《ふち》を失《うしな》った大久保家《おおくぼけ》は極貧生活《ごくひんせいかつ》になったので、吉之助《きちのすけ》は、わずかな扶《ふ》持《ち》の一部《いちぶ》を、大久保家《おおくぼけ》に届《とど》けるようになった。

だが、斉興《なりおき》の怒《いか》りに任《まか》せた処分《しょぶん》はそれだけではなかった。

同年《どうねん》三月《がつ》四日《か》、赤山家《あかやまけ》へ出仕《しゅっし》していた吉之助《きちのすけ》の父《ちち》、吉兵衛《きちべえ》が肩《かた》を落《お》として、血染《ちぞ》めの肌《はだ》着《ぎ》を持《も》ち帰《かえ》った。

「父上《ちちうえ》、そりゃ、いったい、何事《なにごと》でござっか？」

吉之助《きちのすけ》はたずねた。

「お由羅《ゆら》一派《いっぱ》の暗殺謀議《あんさつぼうぎ》に加《くわ》わったというおとがめによって、赤山靭負《あかやまゆきえ》さまが切腹《せっぷく》なされた。これは、そのお形見《かたみ》にいただいてきたもんじゃ」

そう告《つ》げて、父《ちち》はいきなり、はらはらと涙《なみだ》をこぼした。

「えっ、あの靭負《ゆきえ》さまが⁉」

吉之助《きちのすけ》は言葉《ことば》を失《うしな》った。

赤山靭負《あかやまゆきえ》は、たびたび「ご聡明《そうめい》な斉彬《なりあきら》さまこそ、次代《じだい》の藩主《はんしゅ》にふさわしいお方《かた》である」と、口《くち》にしてはいたが、あの穏《おだ》やかな靭負《ゆきえ》が暗殺謀議《あんさつぼうぎ》に加《くわ》わるなど、吉之助《きちのすけ》には信《しん》じられなかった。

（なんで、靭負《ゆきえ》さまが切腹《せっぷく》……⁉　そ、それは、遠島《えんとう》にされた下級武士《かきゅうぶし》の大久保家《おおくぼけ》とは違《ちが》って、赤山家《あかやまけ》が、藩《はん》を動《うご》かしうる重臣《じゅうしん》だったからなのか⁉）

吉之助《きちのすけ》は茫然《ぼうぜん》としながら思《おも》った。

（だが、そうであっても、藩《はん》の片隅《かたすみ》にひっそり生《い》きていただけの下級武士《かきゅうぶし》、大久保《おおくぼ》の父《ちち》を、遠《とお》く喜界島《きかいじま》に流《なが》したり、あの穏《おだ》やかな靭負《ゆきえ》さままでを切腹処分《せっぷくしょぶん》にするとは、藩主斉興《はんしゅなりおき》さまの暴政《ぼうせい》ではないのか！）

と、吉之助《きちのすけ》は叫《さけ》びそうになった。

いや、その一方《いっぽう》で、この処分《しょぶん》された大人数《おおにんずう》を思《おも》えば、藩内《はんない》のどれほどの人々《ひとびと》が斉彬《なりあきら》を推《お》していたのかとも思《おも》い至《いた》った。

だがこのとき、吉之助《きちのすけ》は藩内《はんない》のうわさを聞《き》いた。

この件《けん》で、入牢《にゅうろう》を申《もう》しつけられた者《もの》など数名《すうめい》が藩《はん》を脱出《だっしゅつ》して、斉彬《なりあきら》の大叔父《おおおじ》にあたる筑《ちく》前《ぜん》の黒田斉溥《くろだなりひろ》（後《のち》の黒田長溥《くろだながひろ》）のもとへ逃《に》げこんだと。

黒田斉溥《くろだなりひろ》は、斉彬《なりあきら》を可愛《かわい》がった曽祖父《そうそふ》、島津重豪《しまづしげひで》の息子《むすこ》であったので、これをかくまい切《き》り、さらに、薩摩藩外《さつまはんがい》にも、斉彬《なりあきら》を支持《しじ》する者《もの》は多《おお》いのだ……と。

だが、国《くに》もとを出《で》たことのない吉之助《きちのすけ》は、まだ七つ八つの頃《ころ》、斉彬《なりあきら》を遠《とお》くから見《み》たことがあるだけで、この騒動《そうどう》の深《ふか》くを知《し》っていたわけではない。

ただ、身近《みぢか》な人々《ひとびと》の運命《さだめ》をねじ曲《ま》げたともいえるこの処分《しょぶん》に茫然《ぼうぜん》としつつ、思《おも》い出《だ》すのは、右《みぎ》ひじを痛《いた》めて、剣士《けんし》として立《た》つことがかなわなくなったあの頃《ころ》のことであった。

「過《す》ぎたことにとらわれ、今《いま》を見失《みうしな》ってはならぬ」と、なぐさめてくれた靭負《ゆきえ》の言葉《ことば》を、吉之助《きちのすけ》は思《おも》い出《だ》していた。

あの日《ひ》の靭負《ゆきえ》を思《おも》えば、吉之助《きちのすけ》は、父《ちち》によって運《はこ》ばれてきた赤山靭負《あかやまゆきえ》の血染《ちぞ》めの肌着《はだぎ》にただ平伏《へいふく》するしかなかった。

と、目頭《めがしら》が熱《あつ》くなり涙《なみだ》がこぼれそうになって、たまらず、吉之助《きちのすけ》は顔《かお》を上《あ》げた。

涙《なみだ》をこぼすまいとした吉之助《きちのすけ》の目《め》に、靭負《ゆきえ》の血《ち》の色《いろ》が赤《あか》くぼやけてにじんで見《み》えたそのとき、亡《な》き靭負《ゆきえ》が語《かた》りかけてきたような気《き》がした。

（武士《ぶし》とは、武《ぶ》のみに生《い》きる者《もの》ではない。志《こころざし》に生《い》き、志《こころざし》に死《し》すことこそ、武士《ぶし》の本願《ほんがん》である……）と。

このときの赤山靭負《あかやまゆきえ》の血染《ちぞ》めの衣《ころも》ほど、吉之助《きちのすけ》の心深《こころふか》くに焼《や》きついたものはなかった。

初《はじ》めての上司《じょうし》、郡方奉行《こおりかたぶぎょう》の迫田利済《さこたとしなり》といい、このときの赤山靭負《あかやまゆきえ》といい、真《しん》の武士《ぶし》の見事《ごと》な生《い》きざま、死《し》にざまは、吉之助《きちのすけ》の胸《むね》に深《ふか》く突《つ》き刺《さ》さったのだ。

その後《のち》のお由羅騒動《ゆらそうどう》は、ついに斉興《なりおき》が隠居《いんきょ》して、斉彬《なりあきら》が島津《しまづ》家十一代藩主《だいはんしゅ》を継《つ》いだことで決着《けっちゃく》した。

だが、それには、時《とき》の幕府老中《ばくふろうじゅう》であった阿部正弘《あべまさひろ》の後押《あとお》しがあったからだった。

六十過《す》ぎまで藩主《はんしゅ》をゆずらなかった斉興《なりおき》に、幕府《ばくふ》は、茶《ちゃ》つぼを贈《おく》ったのだという。

この頃《ころ》、幕府《ばくふ》から茶器《ちゃき》などをたまわるのは、「そろそろ隠居《いんきょ》して、茶《ちゃ》など楽《たの》しめ」という意味《いみ》があり、隠居勧告《いんきょかんこく》でもあったのだった。

さすがの斉興《なりおき》は、この勧告《かんこく》にも気《き》づかぬふりを通《とお》したが、この後《のち》、数度《すうど》にわたる幕府《ばくふ》からの隠居勧告《いんきょかんこく》には逆《さか》らえず、ついに隠居《いんきょ》して、斉彬《なりあきら》に藩主《はんしゅ》の座《ざ》をゆずったのだ。

だが、このとき、斉彬《なりあきら》はすでに四十三歳《さい》になっていた。

しかも、藩主《はんしゅ》となった斉彬《なりあきら》はお由羅騒動《ゆらそうどう》で多《おお》くの忠臣《ちゅうしん》を失《うしな》ったうえに、この年齢《ねんれい》まで江《え》戸育《どそだ》ちであったので、国《くに》もとのことを知《し》らなかった。そのため、藩内《はんない》に広《ひろ》く言《い》い渡《わた》した。

「身分《みぶん》を問《と》わず、藩政《はんせい》への意見《いけん》があれば、意見《いけん》を出《だ》すように」と。

このとき、吉之助《きちのすけ》は、お由羅騒動《ゆらそうどう》についての怒《いか》りがおさまらず、

「斉彬《なりあきら》さまが藩主《はんしゅ》となられるのをさまたげようとしたお由羅《ゆら》一派《いっぱ》の家臣《かしん》を罰《ばっ》して、斉彬派《なりあきらは》の忠臣《ちゅうしん》をこそ、重用《ちょうよう》するべきでございます」

という意見書《いけんしょ》を出《だ》した。

怒《いか》りにまかせて書《か》いた意見書《いけんしょ》に、斉彬《なりあきら》はていねいな返信《へんしん》をしてくれたが、この後《のち》、お由《ゆ》羅《ら》一派《いっぱ》の家臣《かしん》を罰《ばっ》することもなく、斉彬派《なりあきらは》の家臣《かしん》を重用《ちょうよう》することもなかった。

吉之助《きちのすけ》は、すでに四十歳《さい》を過《す》ぎている斉彬《なりあきら》を思《おも》った。

（斉彬《なりあきら》さまは、先代《せんだい》の斉興《なりおき》さまの名誉《めいよ》や、藩全体《はんぜんたい》の調和《ちょうわ》を考《かんが》えておられるのだろう……）

と。

さらに同《おな》じ頃《ころ》、吉之助《きちのすけ》は、藩《はん》の農政《のうせい》に関《かん》する意見書《いけんしょ》も出《だ》している。

郡方《こおりかた》で目《め》にした、農民《のうみん》の苦《くる》しさ、そのうえで私腹《しふく》を肥《こ》やす役人《やくにん》どもの不正《ふせい》、実直《じっちょく》で無欲《むよく》な迫田《さこた》が奉行《ぶぎょう》を辞《や》めざるをえなかった藩政《はんせい》の不備《ふび》など、我慢《がまん》ならぬことを書《か》きつらねた。

それにも、斉彬《なりあきら》はていねいな返書《へんしょ》をくれた。

下級藩士《かきゅうはんし》である吉之助《きちのすけ》の意見《いけん》に、藩主自《はんしゅみずか》ら、深《ふか》く耳《みみ》を傾《かたむ》けてくれるようになったのは、この頃《ころ》からだった。

とはいえ、これらは書面《しょめん》を通《つう》じてのやりとりであり、吉之助《きちのすけ》はまだ斉彬《なりあきら》に会《あ》ったことはなかったが、この数年後《すうねんご》に、斉彬《なりあきら》の使者《ししゃ》が吉之助《きちのすけ》を訪《たず》ねてきた。

何事《なにごと》かと迎《むか》えた吉之助《きちのすけ》に、使者《ししゃ》は語《かた》った。

「このたび、郡奉行《ぐんぶぎょう》より、新《あら》たに農地《のうち》の検地《けんち》をすべきっちゅう意見《いけん》が、斉彬《なりあきら》さまへ届《とど》いた。これまで不公平《ふこうへい》な税《ぜい》を課《か》したゆえ、農地《のうち》を捨《す》て、逃散《ちょうさん》する農民《のうみん》が増《ふ》えとるそうじゃ。これを是正《ぜせい》するため、検地《けんち》すべきっちゅう意見《いけん》に、西郷《さいごう》どんはどう思《おも》われるか？　それを聞《き》いてくるよう、斉彬《なりあきら》さまから仰《おお》せつかった」

それは、「五《いつ》ふし草《くさ》」を農民《のうみん》にたとえ、この国《くに》の支配者《しはいしゃ》を「虫《むし》」にたとえて、農民《のうみん》いじめともいえる農政《のうせい》に怒《いか》って、奉行《ぶぎょう》を辞任《じにん》した迫田利済《さこたとしなり》の後《あと》に郡方奉行《こおりかたぶぎょう》となった者《もの》からの意見書《いけんしょ》であったようだ。

使者《ししゃ》の言葉《ことば》に、吉之助《きちのすけ》はすかさず答《こた》えた。

「検地《けんち》ちゅうんは、まず、役人《やくにん》がごまかしたり、藩《はん》の農民《のうみん》への約定違反《やくじょういはん》といったものが行《おこな》われんよう、まずは役人《やくにん》らを正《ただ》すことが肝心《かんじん》じゃ。そうせんで、検地《けんち》すれば、さらに不正《ふせい》が行《おこな》われ、また、農民《のうみん》を苦《くる》しめっだけじゃ」

さらに、吉之助《きちのすけ》は隣国《りんごく》、肥後《ひご》の農政《のうせい》がいかにすぐれているかも伝《つた》えて、

「それにひきかえ、こん国《くに》で、こげんこつでは、農民《のうみん》の立《た》つ瀬《せ》があって思《おも》わるっか。逃散《ちょうさん》すっしかなか！」と、強《つよ》い言葉《ことば》で申《もう》し上《あ》げた。

三、江戸《えど》へ

斉彬《なりあきら》が後《のち》に、「国《くに》の政治《せいじ》というものは、衣食《いしょく》に窮《きゅう》する民《たみ》がなくなって初《はじ》めて、完全《かんぜん》と言《い》える」と言《い》ったり、「民《たみ》を富《と》ませ、国《くに》を富《と》ますことを一日《にち》も忘《わす》れてはならない」などと言《い》ったりしたことを、吉之助《きちのすけ》は人《ひと》づてに聞《き》いた。

それはどこかで、吉之助《きちのすけ》の意見《いけん》を覚《おぼ》えていてくれるようで、それだけで、吉之助《きちのすけ》はうれ

しかった。

さらに、斉彬《なりあきら》は、曽祖父《そうそふ》、重豪《しげひで》の遺産《いさん》とも言《い》える藩校《はんこう》、造士館《ぞうしかん》による人材育成《じんざいいくせい》にも力《ちから》を入《い》れた。

また、藩《はん》の富国強兵《ふこくきょうへい》を目指《めざ》し、洋式造船《ようしきぞうせん》や、溶鉱炉《ようこうろ》の建設《けんせつ》、紡績《ぼうせき》、ガラス、ガス灯《とう》の製造《せいぞう》にいたるまでを展開《てんかい》する集成館事業《しゅうせいかんじぎょう》なるものを始《はじ》めたのだ。

斉彬《なりあきら》の目《め》は、狭《せま》い薩摩《さつま》一国《こく》や、幕府《ばくふ》の統治《とうち》する日本国《にほんこく》だけを見《み》てはいなかった。曽祖父《そうそふ》の重豪《しげひで》と同《おな》じく、海《うみ》の向《む》こうにひろがる世界《せかい》をにらんでいるように、吉之助《きちのすけ》には見《み》えた。

こうして、嘉永《かえい》五年《ねん》（一八五二年《ねん》）の八月《がつ》、国《くに》もとで一年半《ねんはん》を過《す》ごした斉彬《なりあきら》が、ふたたび江戸《えど》へのぼることになった。

その斉彬《なりあきら》を見送《みおく》った吉之助《きちのすけ》だったが、この嘉永《かえい》五年《ねん》は、西郷家《さいごうけ》の長男《ちょうなん》である吉之助《きちのすけ》が、西郷家《さいごうけ》より格上《かくうえ》の伊集院家《いじゅういんけ》の娘《むすめ》、須賀《すが》と結婚《けっこん》した年《とし》でもある。

親《おや》と親《おや》が定《さだ》めた婚姻《こんいん》であったが、この年《とし》は、吉之助《きちのすけ》にとって、最《もっと》も悲《かな》しくつらい年《とし》となってしまった。

同年《どうねん》七月《がつ》、西郷家《さいごうけ》の祖父《そふ》を亡《な》くした。さらに、九月《がつ》に父《ちち》を亡《な》くし、それを追《お》うように十一月《がつ》には、母《はは》までが亡《な》くなった。

このとき、吉之助《きちのすけ》は二十六歳《さい》で、藩士《はんし》として働《はたら》いているのは、すぐ下《した》の弟《おとうと》、二十歳《はたち》の吉《きち》二郎《じろう》のみ。三男《なん》の慎吾《しんご》（後《のち》の従道《つぐみち》）はまだ十歳《さい》、一番下《ばんした》の小兵衛《こへえ》は六歳《さい》で、さらに三人《にん》の姉妹《しまい》と、老《お》いた祖母《そぼ》があった。

父母《ふぼ》を失《うしな》った悲《かな》しみは深《ふか》かったが、長男《ちょうなん》として、これだけの家族《かぞく》を養《やしな》っていくだけでも大変《たいへん》であった。

幼《おさな》い弟妹《おとうといもうと》もいる西郷家《さいごうけ》にとっては、吉之助《きちのすけ》の新妻《にいづま》の存在《そんざい》は大《おお》きかったけれど、吉之助《きちのすけ》は一家《いっか》の柱《はしら》として、ただ夢中《むちゅう》で過《す》ごした。

多忙《たぼう》過《す》ぎる頃《ころ》、郷中《ごじゅう》や藩校《はんこう》でともに育《そだ》った友人《ゆうじん》たちが、江戸《えど》勤番《きんばん》になって、江戸《えど》に行《い》くことになった。

それを一人《ひとり》見送《みおく》る吉之助《きちのすけ》は、「やがて、おいも行《い》く。待《ま》っちょってくれ」と、あてもなく約束《やくそく》してしまった。

その翌年《よくねん》だった。

嘉永《かえい》六年《ねん》（一八五三年《ねん》）の春《はる》になって、江戸《えど》へ入《はい》った友人《ゆうじん》たちから、「いろいろ大変《たいへん》なことが起《お》こっている。早《はや》く江戸《えど》へ来《こ》い」という便《たよ》りが届《とど》いた。

そう言《い》われても、新妻《にいづま》や、大家族《だいかぞく》をかかえている吉之助《きちのすけ》には、家《いえ》をあけることも、旅費《りょひ》を工面《くめん》するのも、無理《むり》な話《はなし》だった。

それを察《さっ》したのは、兄思《あにおも》いの吉二郎《きちじろう》であった。

「後《のち》のことは、おいが引《ひ》き受《う》けもす」

そう言《い》って、吉二郎《きちじろう》は、吉之助《きちのすけ》の江戸《えど》行《い》きをすすめてくれたのだ。

このとき、吉之助《きちのすけ》は、「おいはなんちゅう幸《しあわ》せ者《もの》じゃろう。おいの力《ちから》がたりんばかりに、いつも、おはんにしてもろうて……！」と、吉二郎《きちじろう》の肩《かた》を抱《だ》かんばかりにして、ぼろぼろ涙《なみだ》をこぼした。

それでいながら、吉之助《きちのすけ》は、吉二郎《きちじろう》の言葉《ことば》にあまえることはなかった。

だが、この年《とし》、嘉永《かえい》六年《ねん》（一八五三年《ねん》）六月三日《がつみっか》、日本中《にほんじゅう》に衝撃《しょうげき》が走《はし》った。ペリーが率《ひき》いるアメリカ合衆国海軍《がっしゅうこくかいぐん》の艦船《かんせん》四隻《せき》が、日本《にほん》の江戸湾《えどわん》、浦賀《うらが》（現在《げんざい》の神奈川県横須賀市《かながわけんよこすかし》浦賀《うらが》）に来航《らいこう》したのだ。

黒船来航《くろふねらいこう》は、江戸《えど》の人々《ひとびと》には衝撃《しょうげき》であったが、琉球《りゅうきゅう》を支配《しはい》している薩摩《さつま》にとっては、おどろきではなかった。なぜなら、これまで、海外《かいがい》の艦船《かんせん》が琉球《りゅうきゅう》へ立《た》ち寄《よ》るなど、珍《めずら》しいことではなかったからだ。

この前年《ぜんねん》十二月《がつ》二十二日《にち》から、年《とし》を越《こ》して正月《しょうがつ》十日《か》まで、ペリーは琉球《りゅうきゅう》にも滞在《たいざい》していたのだった。

であれば、いつか、江戸《えど》にもこの日《ひ》が来《く》ることは、薩摩《さつま》に帰国《きこく》していた斉彬《なりあきら》には、予測《よそく》できていただろう。

翌嘉永七年《よくかえいねん》（一八五四年《ねん》）に、幕府老中首座《ばくふろうじゅうしゅざ》の阿部正弘《あべまさひろ》から、帰国《きこく》していた斉彬《なりあきら》に、参勤交代《さんきんこうたい》の時期《じき》を早《はや》め、至急江戸《しきゅうえど》に来《く》るようにと要請《ようせい》があり、斉彬《なりあきら》はふたたび出発《しゅっぱつ》することになった。

このとき、吉之助《きちのすけ》は、参勤交代《さんきんこうたい》のお供《とも》と江戸詰《えどづ》めを命《めい》じられた。

「おいが江戸詰《えどづ》め!?」

家《いえ》のことは心配《しんぱい》だったが、それでも、吉之助《きちのすけ》はうれしかった。

だが、出発前日《しゅっぱつぜんじつ》、吉之助《きちのすけ》の家《いえ》に仕《つか》える従僕《じゅうぼく》、権兵衛《ごんべえ》が風邪《かぜ》を引《ひ》き、江戸《えど》へ出《で》る吉之助《きちのすけ》との別《わか》れの宴《うたげ》に出《で》られなかったのだ。

吉之助《きちのすけ》は、宴《うたげ》の後《あと》で、権兵衛《ごんべえ》が寝《ね》ている家《いえ》を訪《たず》ねた。

「権兵衛《ごんべえ》。気分《きぶん》はどうだ？」

「これは、吉之助《きちのすけ》さま。お旅立《たびだ》ちのお席《せき》に出《で》られず、すまぬことでごわした」

権兵衛《ごんべえ》が、かすれた声《こえ》で言《い》った。

「なんの。お前《めえ》には、元気《げんき》になってもろうて、留守《るす》を頼《たの》まなならん。早《はよ》う、ようなってくれ」

そう言《い》って、吉之助《きちのすけ》は夜明《よあ》け近《ちか》くまで、権兵衛《ごんべえ》の看病《かんびょう》をして過《す》ごした。

祖父《そふ》、父母《ふぼ》ともに失《うしな》った吉之助《きちのすけ》にとって、今《いま》は老爺《ろうや》となった権兵衛《ごんべえ》こそ、幼《おさな》い頃《ころ》より世《せ》話《わ》をしてくれた親《おや》も同然《どうぜん》の家族《かぞく》だった。

「すまぬの。後《あと》を頼《たの》む」

翌朝《よくあさ》、新妻《にいづま》の須賀《すが》に短《みじか》い別《わか》れを告《つ》げた。

妻《つま》には言《い》いたいことわびたいことはいっぱいあったが、あり過《す》ぎて、かえってうまく言《い》えないまま、江戸《えど》へ出発《しゅっぱつ》したのだ。

そのまま、斉彬《なりあきら》の行列《ぎょうれつ》にかけつけたものの、初《はじ》めてのことゆえ、ただ告《つ》げられた位置《いち》でひかえて待《ま》つしかなかった。

やがて、大手門《おおてもん》を出《で》た島津斉彬《しまづなりあきら》の行列《ぎょうれつ》は延々《えんえん》と連《つら》なって、城下《じょうか》を行《い》く斉彬《なりあきら》は堂々《どうどう》と馬《うま》を進《すす》めた。

その凛々《りり》しい姿《すがた》を、吉之助《きちのすけ》は遠《とお》くから眺《なが》めつつ歩《ある》いた。

城下《じょうか》を抜《ぬ》け、西《にし》へ向《む》かうと山間《やまあい》の道《みち》に入《はい》り、やがて、山路《さんろ》を上《のぼ》ることになった。その水上坂《みつかんざか》と呼《よ》ばれる峠《とうげ》の茶屋《ちゃや》で、行列《ぎょうれつ》は一時《いちじ》、休息《きゅうそく》に入《はい》った。

この峠《とうげ》からは、はるか、城下《じょうか》や桜島《さくらじま》が見渡《みわた》せたので、吉之助《きちのすけ》はつい、つっ立《た》ったまま、その景色《けしき》に見《み》とれた。

「この峠《とうげ》の茶屋《ちゃや》は、江戸《えど》行《い》きのおりも、国入《くにい》りのおりも、殿《との》さまが装束《しょうぞく》を改《あらた》めるために建《た》てられた茶屋《ちゃや》でごわす」と、行列《ぎょうれつ》の従僕《じゅうぼく》が教《おし》えてくれた。

しばらくすると、旅装束《たびしょうぞく》に改《あらた》めた斉彬《なりあきら》が出《で》てきた。

「西郷吉之助《さいごうきちのすけ》とは、どこにおるのか?」

近習《きんじゅ》（主君《しゅくん》のそばに仕《つか》える者《もの》）に問《と》う斉彬《なりあきら》の声《こえ》が聞《き》こえて、吉之助《きちのすけ》はハッとひかえた。

近習《きんじゅ》が供《とも》の列《れつ》を見渡《みわた》しつつ、大柄《おおがら》の多《おお》い薩摩藩士《さつまはんし》の中《なか》でも、ひときわ大《おお》きな吉之助《きちのすけ》を見《み》つけた。

「あの者《もの》でございます」

近習《きんじゅ》が指《さ》したのを見《み》て、吉之助《きちのすけ》は胸《むね》が高鳴《たかな》った。

（斉彬《なりあきら》さまが、おいを見《み》ておられる……！）

そう思《おも》うだけでドキドキして、顔《かお》を上《あ》げられなかった。

だが、斉彬《なりあきら》はこちらを見《み》て満足《まんぞく》そうに微笑《ほほえ》んだだけで、吉之助《きちのすけ》に、声《こえ》をかけることはなかった。

藩主《はんしゅ》と下級藩士《かきゅうはんし》では身分《みぶん》がちがいすぎて、吉之助《きちのすけ》からご挨拶《あいさつ》することもできないので、そのまま、行列《ぎょうれつ》は出発《しゅっぱつ》した。

ここからの斉彬《なりあきら》は大名駕籠《だいみょうかご》に乗《の》ってしまったので、もう、お顔《かお》を見《み》ることもできなかった。

そうして、ひと月半《つきはん》を費《つい》やし、三月《がつ》六日《か》に、斉彬《なりあきら》の行列《ぎょうれつ》は江戸《えど》へ到着《とうちゃく》した。

だが、嘉永《かえい》七年《ねん》のこの年《とし》、一月《がつ》十六日《にち》に、ペリーは再《ふたた》び浦賀《うらが》に来航《らいこう》していたので、江戸《えど》は大騒《おおさわ》ぎであった。

初回《しょかい》の来航以来《らいこういらい》、幕府《ばくふ》との取《と》り決《き》めで一年間《ねんかん》の猶予《ゆうよ》を約束《やくそく》していたにもかかわらず、ペリーはあえて半年《はんとし》で再来航《さいらいこう》して、通商《つうしょう》の決断《けつだん》を迫《せま》ったという。

しかも、昨嘉永《さくかえい》六年《ねん》の黒船来航《くろふねらいこう》から十九日後《にちご》には、将軍《しょうぐん》、家慶《いえよし》が病死《びょうし》してしまって、あとを継《つ》いだ第《だい》十三代将軍《だいしょうぐん》の徳川家定《とくがわいえさだ》は、これがまた生《う》まれつき病弱《びょうじゃく》であったので、幕府《ばくふ》はさらに困惑《こんわく》したとも知《し》った。

しかも、今回《こんかい》のペリーの艦隊《かんたい》は、旗艦帆船《きかんはんせん》、外輪蒸気船《がいりんじょうきせん》、補給艦《ほきゅうかん》などが次々着岸《つぎつぎちゃくがん》して、その数《かず》は九隻《せき》にも達《たっ》したという。

「江戸湾《えどわん》は、見物人《けんぶつにん》がつめかけ、祭《まつ》りのような騒《さわ》ぎであった」と、江戸詰《えどづ》めの者《もの》が言《い》っていた。

そんなとき、薩摩《さつま》の江戸屋敷《えどやしき》に入《はい》った吉之助《きちのすけ》は、斉彬《なりあきら》から「お庭方《にわかた》」を命《めい》じられた。

お庭方《にわかた》とは、幕府《ばくふ》の御庭番《おにわばん》と同《おな》じく、庭《にわ》の植木《うえき》の手入《てい》れをする者《もの》という名称《めいしょう》だが、実《じつ》は、御庭番《おにわばん》が幕府隠密《ばくふおんみつ》（ひそかに情報収集《じょうほうしゅうしゅう》をする者《もの》）を指《さ》していたように、そういう役回《やくまわ》りであった。

だが、斉彬《なりあきら》がなぜ、そんな役回《やくまわ》りを命《めい》じてきたのか、吉之助《きちのすけ》は不思議《ふしぎ》であった。

ある日《ひ》、庭《にわ》の手入《てい》れをしていた吉之助《きちのすけ》は、斉彬《なりあきら》にいきなり声《こえ》をかけられた。

「吉之助《きちのすけ》、江戸《えど》はどうだ?」

「は、へ。騒々《そうぞう》しかところじゃて、思《おも》うてごわす」

とっさに、その場《ば》にひれ伏《ふ》して答《こた》えると、斉彬《なりあきら》がゆかいそうに笑《わら》った。

「はっははは、そうか、騒々《そうぞう》しいか!」

見上《みあ》げた斉彬《なりあきら》は、いかにも聡明《そうめい》で、気品《きひん》のある方《かた》であった。

その斉彬《なりあきら》が、誰《だれ》か人《ひと》のいるときには、何《なに》やら書《か》き損《そん》じを捨《す》てるように、丸《まる》めた紙玉《かみだま》を庭《にわ》へ投《な》げてくるのだ。

何《なに》かと思《おも》って拾《ひろ》ってみると、「こよい、茶室《ちゃしつ》で」と書《か》かれていた。

その夜《よる》、吉之助《きちのすけ》が茶室《ちゃしつ》のくぐり戸《ど》の前《まえ》で待《ま》っていると、くぐり戸《ど》が開《ひら》いて、斉彬《なりあきら》が手招《てまね》きしたので、吉之助《きちのすけ》はおずおず茶室《ちゃしつ》に入《はい》った。

その夜《よる》から、斉彬《なりあきら》はそうやって、こっそり、吉之助《きちのすけ》を呼《よ》び寄《よ》せては、ゆかいそうに語《かた》るようになっていったのだ。

それは、吉之助《きちのすけ》から見《み》ても、いかにも楽《たの》しそうで、いつしか吉之助《きちのすけ》も、庭《にわ》に紙玉《かみだま》が飛《と》んでくるのが楽《たの》しみになっていった。

そんなとき、斉彬《なりあきら》の近習《きんじゅ》がこっそり教《おし》えてくれた。

「吉之助《きちのすけ》、斉彬《なりあきら》さまは、直《じか》におぬしと話《はな》したいと、お庭方《にわかた》にされたのだぞ」

「ははっ、ありがとごわす！」

吉之助《きちのすけ》は、嬉《うれ》しいのと緊張《きんちょう》とで、ぎくしゃくとなって、近習《きんじゅ》に礼《れい》を言《い》った。

「斉彬《なりあきら》さまは『吉之助《きちのすけ》はまだ若《わか》く、それゆえ世情《せじょう》のあかにまみれることなく、まっすぐで正直者《しょうじきもの》じゃ。あやつは、わしの掌中《しょうちゅう》の珠《たま》（もっとも大切《たいせつ》にしているもの、最愛《さいあい》の子《こ》ども）じゃ』とも、仰《おお》せじゃった。ゆめゆめ、ご無礼《ぶれい》のないようにのう」

そう言《い》われて、吉之助《きちのすけ》は深《ふか》い感動《かんどう》を覚《おぼ》えた。

最上位《さいじょうい》の藩主《はんしゅ》と、下級藩士《かきゅうはんし》の吉之助《きちのすけ》では、お庭方《にわかた》として直接藩主《ちょくせつはんしゅ》に情報伝達《じょうほうでんたつ》する役目《やくめ》でない限《かぎ》り、じかに言葉《ことば》を交《か》わすことはできなかったからだ。

「吉之助《きちのすけ》、おぬしに向《む》かって、斉彬《なりあきら》さまが煙草《たばこ》の灰《はい》を落《お》とされるとき、キセルをたたくその音色《ねいろ》まで、ゆかいそうに響《ひび》くから、たいしたもんじゃ！」

近習《きんじゅ》はさらに言《い》って、笑《わら》った。

そんな斉彬《なりあきら》に接《せっ》するうち、はじめは緊張《きんちょう》してしゃっちょこばっていた吉之助《きちのすけ》もまた、こ

のお方《かた》こそ、生涯唯一《しょうがいゆいいつ》の師《し》とも仰《あお》ぐようになった。

その斉彬《なりあきら》も、吉之助《きちのすけ》が自慢《じまん》であったらしく、江戸《えど》で親《した》しくしていた人々《ひとびと》を、いつも吉之《きちの》助《すけ》に出会《であ》わせてくれた。

斉彬《なりあきら》は「薩摩《さつま》の国《くに》もとしか知《し》らないこの若者《わかもの》を良《よ》き人《ひと》に出会《であ》わせ、世界《せかい》をひろげてやりたい」と思《おも》ってくれたのかもしれない。


この時期《じき》、江戸《えど》では、斉彬《なりあきら》は賢君《けんくん》として顔《かお》がひろかったので、尊王攘夷《そんのうじょうい》の旗頭《はたがしら》と言《い》える水戸家《みとけ》を訪《たず》ねたり、その激《はげ》しさゆえに「烈公《れっこう》」と呼《よ》ばれた水戸藩主《みとはんしゅ》、徳川斉昭《とくがわなりあき》の腹心《ふくしん》である藤田東湖《ふじたとうこ》や水戸家家老《みとけかろう》の戸田蓬軒《とだほうけん》にも、吉之助《きちのすけ》を紹介《しょうかい》してくれた。

「この西郷《さいごう》は、藩主《はんしゅ》の命《めい》にも縛《しば》られず、おのれの見識《けんしき》で立《た》つ男《おとこ》でのう。わしでなくては使《つか》いこなせぬ男《おとこ》よ。はははっ……」

斉彬《なりあきら》の言葉《ことば》に、藤田東湖《ふじたとうこ》と戸田蓬軒《とだほうけん》は顔《かお》をほころばせた。

藤田《ふじた》と戸田《とだ》は、この時代《じだい》、見識《けんしき》の高《たか》さゆえに「水戸《みと》の両田《りょうでん》」とたたえられていて、斉彬《なりあきら》に、こう応《おう》じた。

「薩摩《さつま》さまほどのお方《かた》がそうまでおっしゃるとは、ぜひお近《ちか》づきになりましょう」と。

このときからたびたび、吉之助《きちのすけ》は水戸家《みとけ》を訪《たず》ねるようになった。

藤田東湖《ふじたとうこ》は、学者《がくしゃ》ながら骨格《こっかく》たくましく、豪傑《ごうけつ》のような風貌《ふうぼう》であったので、

（東湖先生《とうこせんせい》は、山賊《さんぞく》の親方《おやかた》のような方《かた》じゃやのに、お会《あ》いすると、まるで清水《きよみず》に入《はい》ったように、心《こころ》が洗《あら》われる）と、吉之助《きちのすけ》は感《かん》じた。

それで、せっせと東湖《とうこ》の元《もと》へ通《かよ》って、いまだ世界《せかい》を知《し》らなかった吉之助《きちのすけ》は、水戸家《みとけ》の推《お》し進《すす》める「尊王攘夷《そんのうじょうい》」にも染《そ》まってしまった。

なんといっても、ペリーの来航《らいこう》で、日本《にほん》の幕藩体制《ばくはんたいせい》がぐらぐらとゆらぎはじめていた時期《じき》でもあったから、薩摩《さつま》しか知《し》らなかった吉之助《きちのすけ》にとっては、見《み》るもの聞《き》くものすべてが新《あたら》しく、心《こころ》に響《ひび》いてきても不思議《ふしぎ》はない。

ことに、水戸家《みとけ》のとなえる「尊王攘夷《そんのうじょうい》」に夢中《むちゅう》になったあげく、とうとう、斉彬《なりあきら》が、曽《そ》祖父《ふ》の重豪《しげひで》のごとく洋学好《ようがくごの》みであることにまで、吉之助《きちのすけ》はよけいなことを言《い》ってしまった。

「海《うみ》の向《む》こうの文物《ぶんぶつ》をお集《あつ》めなさるのは、いかがなものでございましょうか？」などと。

このとき、斉彬《なりあきら》は、吉之助《きちのすけ》をしかった。

「水戸《みと》の御老公《ごろうこう》（斉昭《なりあき》）は、そちが考《かんが》えているような方《かた》ではない。かたくなな攘夷《じょうい》など、国《くに》を滅《ほろ》ぼすのみだ。西洋《せいよう》の文明《ぶんめい》はおどろくべきものだ。それを学《まな》ばず、敵対《てきたい》するだけでは、

列強国《れっきょうこく》の餌食《えじき》にされるだけだ。そんなことで、どうして日本《にほん》の存立《そんりつ》が保《たも》てるものか。攘夷《じょうい》にせよ、開国《かいこく》にせよ、世界《せかい》を知《し》らずして、何《なに》が決《き》められるというのだ」

その言葉《ことば》に、吉之助《きちのすけ》はハッとした。

斉彬《なりあきら》は、攘夷《じょうい》であれ開国《かいこく》であれ、今《いま》のままの日本《にほん》の軍力《ぐんりょく》では危険《きけん》だと考《かんが》えているのだと。

「よいか、吉之助《きちのすけ》。我《われ》らは、海外《かいがい》の列強《れっきょう》に学《まな》んで富国強兵《ふこくきょうへい》をなしとげ、国力《こくりょく》をつけなければならぬのだ。そのうえで開国《かいこく》するしかないのだ。ゆえに、わしは、日本国《にほんこく》が一つにまとまる公武合体《こうぶがったい》を目指《めざ》しておる」

その言葉《ことば》の深《ふか》さに、吉之助《きちのすけ》は打《う》たれていた。

（おいは、斉彬《なりあきら》さまにどこまでもついて行《い》く！　斉彬《なりあきら》さまの夢《ゆめ》を果《は》たすお手伝《てつだ》いがしたい！）

吉之助《きちのすけ》は心《こころ》に誓《ちか》った。

だが、その三月後《つきご》、斉彬《なりあきら》が急《きゅう》な病《やまい》に倒《たお》れてしまった。

そして嘉永《かえい》七年《ねん》（一八五四年《ねん》）七月《がつ》、斉彬《なりあきら》の息子《むすこ》の中《なか》でたった一人《ひとり》生《い》き残《のこ》っていた六歳《さい》の男子《だんし》が突然《とつぜん》亡《な》くなってしまったのだ。これで、斉彬《なりあきら》の子《こ》は男子《だんし》全員《ぜんいん》の六人《にん》、女子《じょし》二人《ふたり》が幼《おさな》いうちに亡《な》くなったことになる。

このとき、吉之助《きちのすけ》は、お由羅《ゆら》一派《いっぱ》の調伏《ちょうぶく》のせいではないかと疑《うたが》い、怒《いか》りにまかせて、斉彬《なりあきら》に言《い》った。

「もはや、お由羅《ゆら》一派《いっぱ》を倒《たお》さねば、斉彬《なりあきら》さまのお命《いのち》にかかわるでござろうっ！」

むきになる吉之助《きちのすけ》に、斉彬《なりあきら》は微笑《ほほえ》んで言《い》った。

「吉之助《きちのすけ》、今《いま》は島津家《しまづけ》一国《こく》のような小《ちい》さいことを考《かんが》えていてどうする。世界《せかい》の列強《れっきょう》に囲《かこ》まれたこの日本《にほん》を考《かんが》えよ。この国《くに》の侍《さむらい》が何《なん》のためにあると思《おも》う？　列強《れっきょう》から、この国《くに》を守《まも》るためだ。そのためには、薩摩《さつま》も、朝廷《ちょうてい》も幕府《ばくふ》も、一つにならねばならんのだ」

こうして、斉彬《なりあきら》は常《つね》に世界《せかい》の中《なか》の日本《にほん》のことを考《かんが》え、吉之助《きちのすけ》の狭《せま》い考《かんが》えを正《ただ》してくれた。

そんななか、天《てん》の導《みちび》きであったのか、斉彬《なりあきら》の側室《そくしつ》が身《み》ごもり、吉之助《きちのすけ》は、それが男子《だんし》であることを祈《いの》って、神仏《しんぶつ》に祈願《きがん》した。

安政《あんせい》二年《ねん》（一八五五年《ねん》）、男子《だんし》が生《う》まれて、哲丸《てつまる》と名付《なづ》けられた。

新《あら》たに後継者《こうけいしゃ》の息子《むすこ》を得《え》た斉彬《なりあきら》は、自身《じしん》の跡継《あとつ》ぎを、久光《ひさみつ》の息子《むすこ》壮之助《そうのすけ》（後《のち》の島津忠義《しまづただよし》）として、壮之助《そうのすけ》の跡継《あとつ》ぎを哲丸《てつまる》とした。

斉彬《なりあきら》は私心《ししん》にとらわれることなく、お家騒動《いえそうどう》の元凶《げんきょう》となる後継者争《こうけいしゃあらそ》いに終止符《しゅうしふ》を打《う》とうとしたのだと、吉之助《きちのすけ》は思《おも》った。

日本《にほん》そのものを憂《うれ》い、一身一家《いっしんいっか》にこだわらない斉彬《なりあきら》を、吉之助《きちのすけ》は深《ふか》く敬愛《けいあい》して、生涯《しょうがい》の師《し》と仰《あお》ぐようになった。

だが、国《くに》もとでは、貧乏《びんぼう》な西郷家《さいごうけ》に嫁《とつ》いできた新妻《にいづま》の須賀《すが》は、吉之助《きちのすけ》が江戸《えど》へ出《で》てから苦労《くろう》が多《おお》く、見《み》かねた実家《じっか》に連《つ》れ戻《もど》されて、離縁《りえん》となってしまった。

夫婦《ふうふ》として心《こころ》を通《かよ》わす時間《じかん》もなく、離縁《りえん》となってしまった須賀《すが》に、吉之助《きちのすけ》は申《もう》し訳《わけ》ないと思《おも》ったが、斉彬《なりあきら》のもとで働《はたら》くことこそが、今《いま》の吉之助《きちのすけ》の生《い》きがいであったのだ。

四、篤姫《あつひめ》と、安政《あんせい》の大獄《たいごく》

江戸《えど》で、斉彬《なりあきら》の手足《てあし》となって働《はたら》く吉之助《きちのすけ》は、この頃《ころ》、さまざまな重要《じゅうよう》な人物《じんぶつ》に出会《であ》っているが、そのなかで、水戸《みと》の知性派《ちせいは》、藤田東湖《ふじたとうこ》、戸田蓬軒《とだほうけん》が、安政《あんせい》二年《ねん》（一八五五年《ねん》）十月二日《がつかか》、江戸地震《えどじしん》でともに圧死《あっし》してしまった。

吉之助《きちのすけ》はこれを知《し》って深《ふか》く悲《かな》しんだ。

そんななか、幕府首座老中《ばくふしゅざろうじゅう》、阿部正弘《あべまさひろ》と斉彬《なりあきら》の間《あいだ》で進《すす》んでいたのは、島津家《しまづけ》の姫《ひめ》を、将軍家定《しょうぐんいえさだ》の御台所《みだいどころ》（正妻《せいさい》）とする話《はなし》であった。

それに、反対《はんたい》をとなえたのが、水戸《みと》の斉昭《なりあき》であった。

「これは、薩摩《さつま》が天下《てんか》を奪《うば》わんとする野心《やしん》ではないのか」とまで言《い》ったという。水戸《みと》の両田《りょうでん》が亡《な》くなった今《いま》は、藩主《はんしゅ》の斉昭公《なりあきこう》も水戸家《みとけ》もふところの深《ふか》さがなくなって、どこまでも過激《かげき》にとがっていくようであった。

これに、斉彬《なりあきら》は一計《いっけい》を案《あん》じた。

安政三年《あんせいねん》（一八五六年《ねん》）、篤姫《あつひめ》を、公家《くげ》の近衛忠煕《このえただひろ》の養女《ようじょ》として、同年《どうねん》十一月《がつ》、第《だい》十三代将軍《しょうぐん》、徳川家定《とくがわいえさだ》の正室《せいしつ》として輿入《こしい》れ（嫁入《よめい》り）させることにしたのだ。

この輿入《こしい》れの準備《じゅんび》を命《めい》じられたのが吉之助《きちのすけ》であった。

吉之助《きちのすけ》が、金銀細工《きんぎんざいく》や、漆器《しっき》、漆塗《うるしぬ》りのお道具《どうぐ》などを調達《ちょうたつ》せねばならなかった。

このお道具類《どうぐるい》には、すべて「近衛家《このえけ》」の紋《もん》をつけるようにと幕府《ばくふ》の指示《しじ》があり、吉之助《きちのすけ》は、近衛家《このえけ》の「近衛牡丹《このえぼたん》」の紋《もん》を、すべてのお道具《どうぐ》に描《えが》いてくれる塗《ぬ》り師《し》を探《さが》さねばならなかった。

幕府《ばくふ》としては、外様大名《とざまだいみよう》の島津《しまづ》との縁組《えんぐみ》よりも、公武合体《こうぶがったい》の象徴《しょうちょう》となる将軍家《しょうぐんけ》と近衛家《このえけ》との縁組《えんぐみ》として世《よ》に知《し》らしめたかったのだろう。

だが、漆器《しっき》や嫁入《よめい》り道具《どうぐ》、それも将軍家《しょうぐんけ》へ輿入《こしい》れするためのお道具《どうぐ》など、吉之助《きちのすけ》には鑑《かん》識眼《しきがん》などなかったので、困《こま》って、京《きょう》の清水《きよみず》にある成就院《じょうじゅいん》の住職《じゅうしょく》、月照《げっしょう》を訪《たず》ねた。

月照《げっしょう》は、近衛家《このえけ》と親《した》しく、当代一《とうだいいち》の歌人《かじん》といわれた近衛忠熙《このえただひろ》に師事《しじ》していたので、このたび、近衛家《このえけ》から薩摩《さつま》の姫《ひめ》を将軍家《しょうぐんけ》へ輿入《こしい》れさせようという斉彬《なりあきら》や吉之助《きちのすけ》にとっても、良《よ》き相談相手《そうだんあいて》であった。

その夜《よる》、月照《げっしょう》は成就院《じょうじゅいん》の「月《つき》の庭《にわ》」に向《む》かい、一人静《ひとりしず》かに縁《えん》に座《すわ》っていた。

京《きょう》の山《やま》を借景《しゃっけい》にした月《つき》の庭《にわ》には池《いけ》があり、夜空《よぞら》の月《つき》がその池《いけ》の面《おもて》に映《うつ》って、夜空《よぞら》のような水面《みなも》を月《つき》が輝《かがや》きわたってゆくのだった。

それは、雑事《ざつじ》に追《お》われる吉之助《きちのすけ》も、しばし見《み》とれてしまう夢《ゆめ》を見《み》るような美《うつく》しさであった。

ふと、振《ふ》り返《かえ》った月照《げっしょう》が、

「おお、西郷《さいごう》はん、このところ、お忙《いそが》しいようやったが、お元気《げんき》やったかの？」

と微笑《ほほえ》んだ。

文化十年《ぶんかねん》（一八一三年《ねん》）に、大坂《おおさか》に生《う》まれた月照《げっしょう》は、このときすでに四十歳《さい》を過《す》ぎていたが、いまだ、月《つき》の庭《にわ》のごとき澄《す》みきった美《うつく》しい僧《そう》であった。

月照《げっしょう》はこれまで、この寺《てら》の本尊《ほんぞん》、金無垢《きんむく》の十一面千手観世音菩薩《じゅういちめんせんじゅかんぜおんぼさつ》のように、大《おお》きな慈悲《じひ》心《しん》で、幾度《いくど》、斉彬《なりあきら》や吉之助《きちのすけ》を苦難《くなん》から救《すく》ってくれたかしれなかった。

「月照《げっしょう》どん、こたびは、頼《たの》みがあって参《まい》った」

実《じつ》は、これこれと頼《たの》むと、月照《げっしょう》はすぐに凄腕《すごうで》の京《きょう》の塗《ぬ》り師《し》や職人《しょくにん》を紹介《しょうかい》してくれた。

こうして、篤姫《あつひめ》は、安政三年《あんせいねん》（一八五六年《ねん》）に、二十一歳《さい》で将軍家定《しょうぐんいえさだ》の元《もと》へ輿入《こしい》れした。

このときの輿入《こしい》れ行列《ぎょうれつ》は、行列《ぎょうれつ》の先頭《せんとう》が江戸城内《えどじょうない》に入《はい》っても、最後尾《さいこうび》はまだ、江戸《えど》の三田《みた》（現在《げんざい》の渋谷《しぶや》あたり）にあった薩摩藩邸《さつまはんてい》にいたというほど、豪華絢爛《ごうかけんらん》なものであった。

だが、篤姫《あつひめ》の夫《おっと》となる将軍家定《しょうぐんいえさだ》は生《う》まれつき病弱《びょうじゃく》であったので、この頃《ころ》から、来《きた》るべき次代《じだい》の将軍《しょうぐん》は、誰《だれ》がふさわしいかという権力争《けんりょくあらそ》いが始《はじ》まっていた。

その一人《ひとり》は、かの水戸藩主《みとはんしゅ》、斉昭《なりあき》の第《だい》七子《しし》で一橋家《ひとつばしけ》に養子《ようし》に入《はい》った慶喜《よしのぶ》であった。

慶喜《よしのぶ》を押《お》し出《だ》そうとした者《もの》は、越前《えちぜん》の松平慶永《まつだいらよしなが》（後《のち》の松平春嶽《まつだいらしゅんがく》）、宇和島《うわじま》の伊達宗城《だてむねなり》、土佐《とさ》の山内豊信《やまうちとよしげ》（後《のち》の山内容堂《やまうちようどう》）、さらに薩摩《さつま》の斉彬《なりあきら》や、幕府老中《ばくふろうじゅう》の阿部正弘《あべまさひろ》などであった。

だが、江戸城《えどじょう》の大奥《おおおく》の女《おんな》たちは、紀州家《きしゅうけ》の当主慶福《とうしゅよしとみ》（後《のち》の徳川家茂《とくがわいえもち》）を推《お》していた。

その大奥《おおおく》の女《おんな》たちに囲《かこ》まれた現将軍《げんしょうぐん》、気弱《きよわ》な家定《いえさだ》が、それに影響《えいきょう》されないはずはない。

このことで、吉之助《きちのすけ》は、また奔走《ほんそう》せねばならなかった。

だが、安政《あんせい》四年《ねん》（一八五七年《ねん》）六月《がつ》に、この慶喜《よしのぶ》かつぎ出《だ》しの中心《ちゅうしん》であった老中《ろうじゅう》、阿部《あべ》正弘《まさひろ》が急死《きゅうし》してしまった。

こうなると、大奥《おおおく》がこぞって推《お》す、慶福《よしとみ》の名《な》が大《おお》きくなってきた。

このとき、慶福《よしとみ》は、十二歳《さい》の利発《りはつ》な美少年《びしょうねん》であったという。

一方《いっぽう》、阿部正弘《あべまさひろ》の死後《しご》、老中首座《ろうじゅうしゅざ》となった堀田正睦《ほったまさよし》は、米国《べいこく》との通商条約締結《つうしょうじょうやくていけつ》の期日《きじつ》が迫《せま》ってきたので、一橋慶喜《ひとつばしよしのぶ》を次代《じだい》の将軍候補《しょうぐんこうほ》にして、朝廷《ちょうてい》の許可《きょか》を得《え》ようとしたが、攘夷《じょうい》に凝《こ》り固《かた》まっていた朝廷《ちょうてい》は応《おう》じなかった。

さらにこのとき、将軍家定《しょうぐんいえさだ》が、彦根藩主《ひこねはんしゅ》の井伊直弼《いいなおすけ》を幕府大老《ばくふたいろう》に任《にん》じたのだった。

ここから、井伊直弼《いいなおすけ》による安政《あんせい》の大獄《たいごく》が始《はじ》まることになる。

とはいえ、このときの井伊直弼《いいなおすけ》は、東照神君《とうしょうしんくん》（徳川家康《とくがわいえやす》）以来《いらい》のこれまでの幕府政治《ばくふせいじ》にならっただけでもあった。

政治《せいじ》は、朝廷《ちょうてい》から幕府《ばくふ》が委任《いにん》されているから、何《なに》から何《なに》まで朝廷《ちょうてい》におうかがいをたてる必要《ひつよう》はないという考《かんが》えであった。

この井伊直弼《いいなおすけ》は「将軍世子《しょうぐんせいし》は紀州慶福《きしゅうよしとみ》を立《た》てる」として、一方的《いっぽうてき》に慶喜擁立派《よしのぶようりつは》の役人《やくにん》や大名《だいみょう》たちを閑職《かんしょく》に追《お》い払《はら》ってしまったのだ。

この時期《じき》、島津斉彬《しまづなりあきら》は参勤交代《さんきんこうたい》で帰国《きこく》していたので、吉之助《きちのすけ》だけが江戸《えど》に残《のこ》っていたのだが、まずこの事態《じたい》の変化《へんか》こそを斉彬《なりあきら》に伝《つた》えねばならぬと、吉之助《きちのすけ》は国《くに》もとへ帰《かえ》ることにした。

そのあいさつに、越前邸《えちぜんてい》を訪《たず》ねると、越前慶永《えちぜんよしなが》から、斉彬《なりあきら》への書状《しょじょう》を手渡《てわた》された。

それをあずかり、吉之助《きちのすけ》は江戸《えど》を出《で》て、京《きょう》に入《はい》った。

京《きょう》でも、大老《たいろう》、井伊直弼《いいなおすけ》への強《つよ》い反発《はんぱつ》はあったが、一方《いっぽう》で、直弼《なおすけ》を恐《おそ》れる気配《けはい》もまた濃《こ》くただよっていた。

吉之助《きちのすけ》はひそかに成就院《じょうじゅいん》の月照《げっしょう》を訪《たず》ねた。

「月照《げっしょう》どん。おいは急《いそ》いで国《くに》もとへ戻《もど》らならん」

吉之助《きちのすけ》が眉《まゆ》をひそめて言《い》うのに、月照《げっしょう》は静《しず》かに茶《ちゃ》をたてていた。

「……西郷《さいごう》はん。わしは京《きょう》でやれることをしますさかい、あんたはあんたで、やれることをしなはったらええ。誰《だれ》が止《と》めようとしても、流《なが》れる水《みず》はいつかはあふれ出《だ》しまっさ。時《じ》勢《せい》も、人《ひと》の心《こころ》も同《おな》じや。思《おも》いつめはったらあかんで」

そう言《い》った月照《げっしょう》の横顔《よこがお》は、射《さ》しこむ月明《つきあ》かりにほの白《じろ》く輝《かがや》いていた。

「月照《げっしょう》どん……」

吉之助《きちのすけ》はこのとき、迷《まよ》うとなぜ、ここへ来《き》たくなるのかがわかったような気《き》がした。

月照《げっしょう》の静《しず》かな声《こえ》を聞《き》き、人《ひと》を溶《と》かしこむようなその微笑《ほほえ》みを見《み》るだけでほっとするのだ。

いつのまにか肩《かた》の力《ちから》が抜《ぬ》け、生《う》まれつき吉之助《きちのすけ》の中《なか》にある物堅《ものがた》く動《うご》かない何《なに》かが、ほどける気《き》がするのだった。

この夜《よる》も、月照《げっしょう》とともに月《つき》の庭《にわ》を眺《なが》めただけであったが、物堅《ものがた》い吉之助《きちのすけ》はほっこりほどけて、月《つき》を映《うつ》す池《いけ》に、おのれまで輝《かがや》き揺《ゆ》れるような気《き》がした。

池《いけ》へ流《なが》れ込《こ》む山《やま》の水《みず》が網《あみ》の目《め》のような模様《もよう》をつくっては、まるで吹《ふ》きガラスを転《ころ》がすような澄《す》んだ水音《みずおと》を響《ひび》かせていた。

その後《ご》、京《きょう》から船《ふね》で大坂《おおさか》へ出《で》て、大坂《おおさか》から薩摩《さつま》に帰《かえ》りついた吉之助《きちのすけ》は、斉彬《なりあきら》に報告《ほうこく》した。

「殿《との》、江戸《えど》の諸藩《しょはん》いずれも井伊大老《いいたいろう》を恐《おそ》れること、尋常《じんじょう》ではござりませぬ」

吉之助《きちのすけ》は重々《おもおも》しく告《つ》げ、越前慶永《えちぜんよしなが》からの書状《しょじょう》を手渡《てわた》した。

それを読《よ》む斉彬《なりあきら》に、「もはや、打《う》つ手《て》はございません……」と言《い》おうとしたとき、斉彬《なりあきら》が書面《しょめん》から顔《かお》を上《あ》げた。

「ならば、尋常《じんじょう》ではない手《て》を打《う》つか！」

「尋常《じんじょう》じゃなか手《て》を打《う》つ？」

吉之助《きちのすけ》は意味《いみ》がわからず、ただ繰《く》り返《かえ》した。

「朝廷守護《ちょうていしゅご》の兵《へい》を率《ひき》いて京《きょう》へ行《い》く。そして、朝廷《ちょうてい》に乞《こ》うて勅命《ちょくめい》（天皇《てんのう》の命令《めいれい》）をいただくのだ。どうしても、幕閣《ばっかく》の改革《かいかく》をせねばならぬとな。親藩《しんぱん》のみでなく、外様《とざま》の大名《だいみょう》にも幕府《ばくふ》を動《うご》かせるように改革《かいかく》せねばならん。この日本《にほん》へ押《お》し寄《よ》せて来《く》る列強《れっきょう》には、この国《くに》が一枚岩《いちまいいわ》になって立《た》ち向《む》かわねば、食《く》い散《ち》らされ、餌食《えじき》にされるだけだ」

斉彬《なりあきら》の思《おも》いもしない言葉《ことば》に、吉之助《きちのすけ》の瞳《ひとみ》はみるみる光《ひかり》を取《と》り戻《もど》し、黒《くろ》ダイヤのごとく輝《かがや》いた。

この斉彬《なりあきら》の自信《じしん》ありげなようすには、確固《かっこ》とした大《おお》きな背景《はいけい》があったのだ。

薩摩《さつま》の国力《こくりょく》も、斉彬《なりあきら》の賢君《けんくん》ぶりも、朝廷《ちょうてい》からの信頼《しんらい》は厚《あつ》い。さらに、斉彬《なりあきら》と志《こころざし》を同《おな》じくする大名《だいみょう》は、親藩《しんぱん》、外様《とざま》にかかわらず多《おお》かったということだ。

このとき、帰国《きこく》したばかりの吉之助《きちのすけ》は家《いえ》にも帰《かえ》れず、そのまま、また旅立《たびだ》つことになった。

斉彬《なりあきら》から、さまざまな方々《かたがた》への書状《しょじょう》を預《あず》かったのだ。

だが、吉之助《きちのすけ》がふたたび薩摩《さつま》をたって大坂《おおさか》に入《はい》ると、状況《じょうきょう》はさらに鬼気《きき》迫《せま》るものになっていた。

大老《たいろう》、井伊直弼《いいなおすけ》は、朝廷《ちょうてい》の勅許《ちょっきょ》(天皇《てんのう》の許可《きょか》)も得《え》ず、アメリカとの通商条約《つうしょうじょうやく》を締結《ていけつ》し、朝廷《ちょうてい》には、事後報告《じごほうこく》で済《す》ませてしまっていた。

攘夷意識《じょういいしき》の強《つよ》い孝明天皇《こうめいてんのう》は、「在位中《ざいいちゅう》、これほどの侮辱《ぶじょく》はない。退位《たいい》したい」とまで怒《いか》られたと、攘夷派《じょういは》の公家衆《くげしゅう》から伝《つた》わってきた。

だが、攘夷《じょうい》という点《てん》では、吉之助《きちのすけ》は、斉彬《なりあきら》の教《おし》えもあって、開国《かいこく》はやむなしと思《おも》っていたので、朝廷《ちょうてい》に向《む》かって攘夷工作《じょういこうさく》をした覚《おぼ》えはなかった。

これをしたのは、水戸学派《みとがくは》の浪人《ろうにん》、学者《がくしゃ》たちで、梅田雲浜《うめだうんぴん》など、公卿家《くぎょうけ》へ出入《でい》りした者《もの》たちであった。

このとき、幕府《ばくふ》と大老《たいろう》の井伊直弼《いいなおすけ》に抗議《こうぎ》して、江戸城《えどじょう》に登城《とうじょう》した水戸斉昭《みとなりあき》は、「上様《うえさま》（将軍《しょうぐん》）のおぼしめし（お考《かんが》え）によって」と、直弼《なおすけ》から、あっさり蟄居《ちっきょ》（自分《じぶん》の屋敷《やしき》にて謹慎《きんしん》すること）を命《めい》じられた。

斉昭《なりあき》とともに登城《とうじょう》した尾張《おわり》、越前《えちぜん》なども隠居《いんきょ》を言《い》い渡《わた》され、一橋慶喜《ひとつばしよしのぶ》と、兄《あに》の水戸慶篤《みとよしあつ》は、当分登城差《とうぶんとうじょうさ》しとめとなったという。

つまり、一橋慶喜《ひとつばしよしのぶ》を次期将軍《じきしょうぐん》に推《お》していた大名《だいみょう》らは、慶喜自身《よしのぶじしん》を含《ふく》め、すべて処分《しょぶん》されたことになる。

しかも、その間《かん》に、将軍家定《しょうぐんいえさだ》が亡《な》くなったというのだ。

天下《てんか》は、京《きょう》も江戸《えど》も大騒動《おおそうどう》であった。

吉之助《きちのすけ》は、「こうなれば、斉彬《なりあきら》さまに兵《へい》を率《ひき》いてご上洛《じょうらく》いただかねば！」と、国《くに》もとの斉彬《なりあきら》に書状《しょじょう》を送《おく》った。

ところが、その返信《へんしん》が届《とど》いた日《ひ》、吉之助《きちのすけ》の全身《ぜんしん》からみなぎる力《ちから》と気力《きりょく》が抜《ぬ》けるように消《き》え失《う》せた。

京《きょう》に届《とど》いたその返信《へんしん》にはこうあった。

「斉彬《なりあきら》さまは、日々《ひび》、兵《へい》の調練《ちょうれん》をなさっておりましたが、七月五日《がっか》に、天保山調練場《てんぽうざんちょうれんじょう》にお出《で》ましになり、炎天《えんてん》のもと調練《ちょうれん》をなされて、そのご帰城《きじょう》の道《みち》でご不快《ふかい》になられました。その折《おり》、近習《きんじゅ》らには『心配《しんぱい》ない』と仰《おお》せられましたが、その後《ご》に、にわかにご重態《じゅうたい》になられて、医師《いし》、医薬《いやく》、ご看病《かんびょう》のかいなく、十六日《にち》に、ついにお亡《な》くなりになられました」

安政五年《あんせいごねん》（一八五八年《ねん》）七月十六日《がつにち》、薩摩《さつま》十一代藩主《だいはんしゅ》、島津斉彬《しまづなりあきら》、病死《びょうし》……。

書状《しょじょう》を目《め》にして、吉之助《きちのすけ》は目《め》の前《まえ》が、いや、世界《せかい》が真《ま》っ暗《くら》になった気《き》がした。

あふれ出《で》る涙《なみだ》をおさえられず、吉之助《きちのすけ》は声《こえ》をあげ泣《な》いていた。

薩摩《さつま》を出《で》る前《まえ》の斉彬《なりあきら》の、おだやかではあるが気品《きひん》と自信《じしん》にあふれた笑顔《えがお》を思《おも》い出《だ》し、そのきっぱりと凛々《りり》しい言葉《ことば》に、大《おお》きな勇気《ゆうき》をもらったことを思《おも》えば、そのすべてが、斉彬《なりあきら》の死《し》によって「無《む》」になったことに、もう生《い》きてさえいられない気《き》がした。

「斉彬《なりあきら》さまのお供《とも》をしよう」

殉死《じゅんし》（主君《しゅくん》の死《し》を追《お》って臣下《しんか》が自殺《じさつ》すること）を決意《けつい》して、吉之助《きちのすけ》はこれまでの人生《じんせい》を思《おも》った。

（おいのここまでは、斉彬《なりあきら》さまあってこそであった……！）としか思《おも》えなかった。

薩摩《さつま》の下級藩士《かきゅうはんし》で、まだ未熟《みじゅく》としか言《い》えなかった吉之助《きちのすけ》の意見《いけん》に耳《みみ》を傾《かたむ》け、時《とき》として叱《しか》って人《ひと》の道《みち》を教《おし》えてくれ、さらに重用《ちょうよう》して、江戸《えど》や京《きょう》では、大名《だいみょう》や公卿《くぎょう》とも面談《めんだん》ができる「薩摩《さつま》の西郷《さいごう》」を育《そだ》ててくれたのは斉彬《なりあきら》であった。

そう考《かんが》えれば、斉彬《なりあきら》は吉之助《きちのすけ》にとって、産《う》み育《そだ》ててくれた実《じつ》の親《おや》にも比《ひ》しがたい親《おや》であるとも思《おも》え、さらに敬愛《けいあい》する恩師《おんし》でもあった。

すぐ帰国《きこく》し、斉彬《なりあきら》の墓前《ぼぜん》で腹《はら》を切《き》ろうと決《き》めた吉之助《きちのすけ》の心《こころ》に浮《う》かんだのは、あの月《つき》の庭《にわ》であった。

（夜空《よぞら》を渡《わた》ってゆく月《つき》を映《うつ》し続《つづ》ける……あの庭《にわ》に向《む》かいたい……あの池《いけ》が、亡《な》くなられ、星《ほし》となられた斉彬《なりあきら》さまを、輝《かがや》かしく映《うつ》し出《だ》してくれるのではないか……！）

ふっと、そう思《おも》った。

同時《どうじ》に、かつて見《み》た、池《いけ》に向《む》かう月照《げっしょう》の後《うし》ろ姿《すがた》が、心《こころ》に残《のこ》っていたのかもしれない。

気《き》づけば、吉之助《きちのすけ》は清水《きよみず》の成就院《じょうじゅいん》の境内《けいだい》、月《つき》の庭《にわ》の前《まえ》に立《た》っていた。

「どうなされた、西郷《さいごう》はん」

背後《はいご》から声《こえ》をかけられ、吉之助《きちのすけ》は振《ふ》り返《かえ》った。

端然《たんぜん》と立《た》っていたのは、月照《げっしょう》であった。

「月照《げっしょう》どん……！」

斉彬《なりあきら》の死《し》を伝《つた》えようと口《くち》を開《ひら》いたとたん、吉之助《きちのすけ》からあふれ出《で》たのは、とめどない涙《なみだ》であった。

月照《げっしょう》は、話《はな》すこともできない吉之助《きちのすけ》を、じっと静《しず》かに待《ま》ってくれた。

ようやく、とつとつと斉彬《なりあきら》の死《し》を語《かた》った吉之助《きちのすけ》に、月照《げっしょう》は問《と》うた。

「もしや、殉死《じゅんし》なさるおつもりなのか？」

問《と》われて、吉之助《きちのすけ》は無言《むごん》でうなずくしかなかった。

「……西郷《さいごう》はん、お気持《きも》ちはわかるが、斉彬《なりあきら》さまの恩義《おんぎ》にこたえる道《みち》は殉死《じゅんし》やろか？　斉《なり》彬《あきら》さまがのこされた思《おも》いを貫徹《かんてつ》することこそ、斉彬《なりあきら》さまの直弟子《じきでし》ともいえる西郷《さいごう》はんが果《は》たさなあかん忠義《ちゅうぎ》ではありまへんのか。殉死《じゅんし》は、その後《あと》でも遅《おそ》うはないやろ。この国《くに》を、海《うみ》の向《む》こうの列強《れっきょう》に劣《おと》らぬ国《くに》にする。それが、斉彬《なりあきら》さまの強《つよ》いご意志《いし》であったはずでっしゃろ」

そういう月照《げっしょう》の柔《やわ》らかな言葉《ことば》に、吉之助《きちのすけ》の身内《みうち》から消《き》えてしまった何《なに》かが、静《しず》かによみがえるような気《き》がした。

その夜《よる》も、月《つき》の庭《にわ》を渡《わた》る月《つき》はきらめき、たゆたって、吹《ふ》きガラスを転《ころ》がすような澄《す》んだ水音《みずおと》が響《ひび》いていた。


この安政《あんせい》五年《ねん》（一八五八年《ねん》）、朝廷《ちょうてい》が水戸《みと》の徳川斉昭《とくがわなりあき》に下《くだ》した「攘夷《じょうい》をせよ」という勅諚《ちょくじょう》（天皇命令《てんのうめいれい》）は、戊午《ぼご》の密勅《みっちょく》とも呼《よ》ばれた。

アメリカとの条約勅許《じょうやくちょっきょ》や、次代《じだい》の将軍《しょうぐん》を誰《だれ》が継《つ》ぐべきかということなどを、孝明天皇《こうめいてんのう》の関白《かんぱく》から、水戸斉昭《みとなりあき》に「列藩《れっぱん》に伝達《でんたつ》せよ」としてひそかに伝《つた》え、後《あと》になって、幕府《ばくふ》へも勅諚《ちょくじょう》が発《はっ》せられたものであったが、水戸藩《みとはん》が伝達《でんたつ》を始《はじ》める前《まえ》に、幕府《ばくふ》による「安政《あんせい》の大獄《たいごく》」が始《はじ》まってしまった。

水戸《みと》では、朝廷《ちょうてい》支持《しじ》の尊王攘夷《そんのうじょうい》派《は》と、幕府《ばくふ》支持《しじ》派《は》の対立《たいりつ》が起《お》こっていたが、翌年《よくねん》、朝廷《ちょうてい》は幕府《ばくふ》の要請《ようせい》により、「勅諚《ちょくじょう》を返納《へんのう》せよ」と水戸藩《みとはん》に命《めい》じた。

そんななか、幕府《ばくふ》の京都所司代《きょうとしょしだい》は、京《きょう》で活動《かつどう》していた梅田雲浜《うめだうんぴん》ら、攘夷《じょうい》派《は》の学者《がくしゃ》、浪士《ろうし》を捕縛《ほばく》した。

さらに攘夷派《じょういは》の公卿《くぎょう》の家臣《かしん》まで捕縛《ほばく》したのだ。

こうして、京《きょう》で捕縛《ほばく》された者《もの》らは、江戸《えど》に送《おく》られ、評定所《ひょうじょうしょ》で詮議《せんぎ》（取《と》り調《しら》べ）を受《う》けて、死罪《しざい》、遠島《えんとう》などの厳刑《げんけい》に処《しょ》せられた。

吉之助《きちのすけ》は、次々《つぎつぎ》捕縛《ほばく》され、処刑《しょけい》される人々《ひとびと》に思《おも》った。

（安政《あんせい》の大獄《たいごく》は幕府《ばくふ》の圧政《あっせい》じゃが、これまで、国政《こくせい》を幕府《ばくふ》に任《まか》せきりやった朝廷《ちょうてい》があせって出《だ》した戊午《ぼご》の密勅《みっちょく》こそが、この安政《あんせい》の大獄《たいごく》を生《う》み出《だ》したんじゃ……！）と。

この大獄《たいごく》では、長州《ちょうしゅう》の吉田松陰《よしだしょういん》も刑死《けいし》したが、幕府《ばくふ》の手《て》は、ついに近衛家《このえけ》と親《した》しい成就《じょうじゅ》院《いん》の月照《げっしょう》まで迫《せま》りつつあった。

近衛家《このえけ》から、「月照《げっしょう》を守《まも》ってくれるように」と頼《たの》まれた吉之助《きちのすけ》は、「月照《げっしょう》どんのお身柄《みがら》はおまかせくだされ」と約束《やくそく》した。

成就院《じょうじゅいん》から月照《げっしょう》を連《つ》れ出《だ》すとき、吉之助《きちのすけ》は月照《げっしょう》に告《つ》げた。

「月照《げっしょう》どん。おいは必《かなら》ず斉彬《なりあきら》さまが作《つく》ろうとなさったこん国《くに》を実現《じつげん》いたす。月照《げっしょう》どん、それまで、ともに歩《ある》いてくだされ」

月照《げっしょう》はいつも通《どお》りに微笑《ほほえ》んで、旅支度《たびじたく》をして言《い》った。

「はい、どこへなと、お供《とも》いたしましょう」と。

月照《げっしょう》を守《まも》って京《きょう》を出《で》た吉之助《きちのすけ》は、いったん大坂《おおさか》に月照《げっしょう》を隠《かく》し、この後《のち》、さまざまな動《うご》きをしたが、なにより、幕府《ばくふ》の動《うご》きの方《ほう》が早《はや》かった。

幕府《ばくふ》は、月照《げっしょう》だけではなく、ついに「薩摩《さつま》の西郷《さいごう》」にも目《め》をつけたのだ。

その幕府《ばくふ》の追《お》っ手《て》をくぐって、吉之助《きちのすけ》は大坂《おおさか》の土佐堀《とさぼり》へ船《ふね》を呼《よ》び寄《よ》せ、月照《げっしょう》とともに薩摩《さつま》を目指《めざ》そうと決《き》めた。

呼《よ》び寄《よ》せたのは小倉船《こくらぶね》と呼《よ》ばれた、豊前国《ぶぜんのくに》（現在《げんざい》の福岡県東部《ふくおかけんとうぶ》と大分県北部《おおいたけんほくぶ》）の小倉《こくら》から瀬戸内海《せとないかい》を航《こう》して、大坂《おおさか》を往来《おうらい》している船《ふね》だが、その大《おお》きさは、京《きょう》の伏見《ふしみ》と大坂《おおさか》を結《むす》ぶ三十石船《さんじっこくぶね》と同様《どうよう》の小舟《こぶね》である。

大坂《おおさか》は水《みず》の都《みやこ》であったので、街道《かいどう》より船運《せんうん》が発展《はってん》していた。船《ふね》からは、買《か》い物《もの》も観光《かんこう》もできたのだ。

また、土佐堀川《とさぼりがわ》、堂島川《どうじまがわ》、道頓堀川《どうとんぼりがわ》などは、夕刻《ゆうこく》からは、大人《おとな》の船遊《ふなあそ》びの場《ば》でもあったので、吉之助《きちのすけ》はそれらにまぎれて逃《のが》れるつもりであった。

このとき、薩摩《さつま》郷中《ごじゅう》の幼《おさな》なじみ、吉井幸輔《よしいこうすけ》が大坂《おおさか》に出《で》てきていたので、吉之助《きちのすけ》の護衛《ごえい》がてら、見送《みおく》りに来《き》てくれた。

夜更《よふ》け、月照《げっしょう》と吉之助《きちのすけ》が舟《ふね》に乗《の》りこんですぐ、川端《かわばた》の橋《はし》の上《うえ》や柳《やなぎ》のかげに、バラバラと、人影《ひとかげ》が増《ふ》え始《はじ》めた。

(捕《と》り方《かた》かっ⁉)

吉井幸輔《よしいこうすけ》はそれを見《み》て、やにわに脇差《わきざ》しを抜《ぬ》き、小声《こごえ》で小倉船《こくらぶね》の船頭《せんどう》をおどした。

「今《いま》すぐ舟《ふね》を出《だ》せ、出《だ》さねば切《き》るっ」

船頭《せんどう》はふるえあがり、かえって固《かた》まってしまった。

「まあまあ、幸輔《こうすけ》どん」

吉之助《きちのすけ》はゆったり幸輔《こうすけ》をなだめてから、船頭《せんどう》に「急《いそ》ぐ旅《たび》ですまんのう」と笑《わら》った。

ほっとまではしないが、船頭《せんどう》は「へ、へえ」と応《おう》じた。

吉之助《きちのすけ》は、すかさず手《て》にさげていた酒《さけ》の入《はい》った徳利《とっくり》を差《さ》し出《だ》し、「こん舟《ふね》で一杯《いっぱい》やろうて思《おも》うたが、そん暇《ひま》もなさそうじゃ。ま、船頭《せんどう》どん、帰《かえ》りにでもゆっくりやってくれ」と言《い》って、徳利《とっくり》を船頭《せんどう》にすすめた。

「すまぬことじゃ。わしが破戒坊主《はかいぼうず》でのう」と、行脚僧《あんぎゃそう》の変装《へんそう》をした月照《げっしょう》までが笑《わら》って応《おう》じたので、船頭《せんどう》はようやくほっとしたのか、船《ふね》を出《だ》してくれた。

船遊《ふなあそ》びに見《み》せるためにさげてきた徳利《とっくり》が役立《やくだ》ったのを見《み》て、吉井幸輔《よしいこうすけ》もすばやく河岸《かし》を離《はな》れていった。

橋《はし》の上《うえ》の人影《ひとかげ》はざわついたようだが、船《ふね》は流《なが》れに乗《の》って橋《はし》をくぐった。

しばらく、川端《かわばた》を追《お》ってくるように見《み》えた人影《ひとかげ》も小《ちい》さくなって、吉之助《きちのすけ》も月照《げっしょう》も、ほっとした。

そうして船《ふね》は、大坂湾《おおさかわん》に出《で》た。

五、入水《じゅすい》

こうして、無事《ぶじ》小倉《こくら》に到着《とうちゃく》したが、月照《げっしょう》の保護《ほご》を藩《はん》に申《もう》し入《い》れるため、吉之助《きちのすけ》は、いったん、月照《げっしょう》を友人《ゆうじん》に頼《たの》んで、単身《たんしん》、薩摩《さつま》に入《はい》った。

だが、斉彬《なりあきら》の死後《しご》、薩摩藩《さつまはん》十二代藩主《だいはんしゅ》は久光《ひさみつ》の息子《むすこ》、壮之助《そうのすけ》（後《のち》の島津忠義《しまづただよし》）が継《つ》いで、その実権《じっけん》は、藩主《はんしゅ》の父《ちち》となった久光《ひさみつ》がにぎっていた。

気《き》づけば、薩摩藩《さつまはん》はひたすら幕府《ばくふ》にのみ従《したが》う藩政《はんせい》に変《か》わっていたのだ。

かつて、斉彬《なりあきら》が、薩摩《さつま》一国《こく》だけではない日本《にほん》のために進《すす》めた「集成館事業《しゅうせいかんじぎょう》」につながる洋風帆船《ようふうはんせん》、蒸気船《じょうきせん》の建造《けんぞう》、溶鉱炉《ようこうろ》などによる製鉄《せいてつ》や大砲製造《たいほうせいぞう》、地雷《じらい》、水雷《すいらい》、火薬《かやく》、硝石《しょうせき》などの製造所《せいぞうじょ》も、ゆくゆくは薩摩《さつま》の城下全域《じょうかぜんいき》の民家《みんか》に行《い》き渡《わた》らせる予定《よてい》であったガス灯《とう》、電《でん》気《き》の敷設事業《ふせつじぎょう》も、さらに紡績所《ぼうせきじょ》までもが光《ひかり》を失《うしな》い、暗《くら》く扉《とびら》を閉《と》ざしていた。

輸出《ゆしゅつ》のためのガラスや陶磁器《とうじき》、さまざまな砂糖《さとう》の製造《せいぞう》、和文《わぶん》や欧文《おうぶん》の活字製作《かつじせいさく》、洋式《ようしき》の兵《へい》の調練《ちょうれん》なども一切停止《いっさいていし》され、どこもかしこも火《ひ》の消《き》えたようになっていたのだ。

「なんちゅう変《か》わりようじゃ……！」

吉之助《きちのすけ》は胸《むね》がふさがった。

ここまでとは思《おも》わなかったほど、国《くに》もとは変《か》わり果《は》てていた。斉彬《なりあきら》の布《し》いた明《あか》るい未来《みらい》へ向《む》かう政治《せいじ》が暗《くら》く閉《と》ざされ、すべてが色《いろ》や鼓動《こどう》を失《うしな》ってしまっていた。

それでも、「月照《げっしょう》どんだけは救《すく》いたい」と、吉之助《きちのすけ》は、頼《たよ》りになりそうな人《ひと》から人《ひと》へ駆《か》け回《まわ》った。

だが、家臣《かしん》、重役《じゅうやく》といった人々《ひとびと》もすべて入《い》れ替《か》わっていて、斉彬《なりあきら》が重用《ちょうよう》した家臣《かしん》は追《お》いやられ、新《あら》たな重臣《じゅうしん》はほとんど保守的《ほしゅてき》な、古《ふる》い考《かんが》えの人《ひと》ばかりであった。

吉之助《きちのすけ》は思《おも》い知《し》った。

これまでの吉之助《きちのすけ》の存在《そんざい》も、発言権《はつげんけん》も、この城下《じょうか》では、すべて消《き》え果《は》てていることを……。

それでも、吉之助《きちのすけ》は、なんとか月照《げっしょう》の保護《ほご》だけは、藩《はん》の実権《じっけん》をにぎっている久光《ひさみつ》に頼《たの》みたかったが、斉彬《なりあきら》亡《な》き後《あと》では、下級藩士《かきゅうはんし》の吉之助《きちのすけ》が藩主《はんしゅ》やその後見《こうけん》である久光《ひさみつ》などに会《あ》う機会《きかい》さえ、なかなか与《あた》えられなかった。

そして、重役《じゅうやく》から告《つ》げられたのは、「幕府《ばくふ》の手《て》の者《もの》は、すでに薩摩《さつま》に入《はい》っておる。もし、月照《げっしょう》が我《わ》が城下《じょうか》において幕府《ばくふ》に召《め》し捕《と》られれば、島津家《しまづけ》の面目《めんぼく》にかかわる。月照《げっしょう》は藩内《はんない》から日向《ひゅうが》へ送《おく》るように」という命令《めいれい》であった。

日向送《ひゅうがおく》りとは「永送《ながおく》り」とも呼《よ》ばれ、つまり、藩《はん》からの追放《ついほう》であり、藩外《はんがい》へ出《で》れば、月《げっ》照《しょう》を切り捨《す》てよという命令《めいれい》でもあったのだ。

その命令《めいれい》を、吉之助《きちのすけ》は怒《いか》りにふるえつつ聞《き》いた。

月照《げっしょう》は、斉彬《なりあきら》のとなえた「列強《れっきょう》に負《ま》けぬ国造《くにづく》り」を信《しん》じ、近衛家《このえけ》を通《つう》じて、常《つね》に力《ちから》を貸《か》してくれた。

いわば、薩摩《さつま》の恩人《おんじん》ともいえる人物《じんぶつ》であったのに、藩主《はんしゅ》が代《か》わったからといって、その恩人《おんじん》を裏切《うらぎ》り、切《き》り捨《す》てるなど、武士《ぶし》の道《みち》にも、人《ひと》の道《みち》にも外《はず》れる。

そんなことが、吉之助《きちのすけ》にできるはずもなかった。

だが、藩主《はんしゅ》の命《めい》には従《したが》うしかない。

(ならば、おいもお供《とも》する……!)

誰《だれ》にも言《い》わず、吉之助《きちのすけ》は決意《けつい》した。

月照《げっしょう》は、斉彬《なりあきら》の死《し》に狼狽《ろうばい》した吉之助《きちのすけ》が殉死《じゅんし》しようとしたのをとどめてくれた恩人《おんじん》でもある。いや、それだけではなく、吉之助《きちのすけ》にとって、月照《げっしょう》こそあの月《つき》の庭《にわ》であったともいえる。闇夜《やみよ》に月《つき》や星《ほし》を輝《かがや》かしく映《うつ》してくれる月《つき》の庭《にわ》の水《みず》の面《おもて》と同《おな》じく、今《いま》は亡《な》き斉彬《なりあきら》の星《ほし》を、あの言葉《ことば》を……闇夜《やみよ》に映《うつ》し出《だ》してくれる人《ひと》こそ、吉之助《きちのすけ》にとっては、月照《げっしょう》であった。

吉之助《きちのすけ》は決意《けつい》し、錦江湾《きんこうわん》と呼《よ》ばれる薩摩《さつま》の海《うみ》に、船《ふね》を借《か》り、別《わか》れの宴《うたげ》を催《もよお》した。

そのとき、見届《みとど》けてもらうためもあり、小倉《こくら》の地《ち》で月照《げっしょう》を預《あず》けていた友人《ゆうじん》の平野国臣《ひらのくにおみ》と、月照《げっしょう》の従僕《じゅうぼく》、重助《じゅうすけ》とともに船《ふね》に乗《の》ることになっていた。

平野《ひらの》は元福岡藩士《もとふくおかはんし》であったが、王政復古《おうせいふっこ》を目指《めざ》す思想家《しそうか》で、今《いま》は浪士《ろうし》となり、髪《かみ》は月代《さかやき》もそらず総髪《そうはつ》で、日本中《にほんじゅう》を自由《じゆう》に飛《と》び回《まわ》っていた。

だが、平野《ひらの》は歌《うた》も笛《ふえ》もたしなむ人物《じんぶつ》で、この最期《さいご》の夜《よる》にはふさわしい友人《ゆうじん》であった。

むろん、その平野《ひらの》にも、重助《じゅうすけ》にも、吉之助《きちのすけ》のひそかな決意《けつい》は告《つ》げていない。

月照《げっしょう》にだけ、万策尽《ばんさくつ》きたことを告《つ》げた。

「そうどっか。わかりました。まあ、まあ、西郷《さいごう》はん。人《ひと》には死《し》に時《どき》っちゅうもんがありますよってに、これも運命どす。ご心配《しんぱい》いりまへん。けど、幕府《ばくふ》の役人《やくにん》に捕《つか》まって拷問《ごうもん》されては、いらぬことを口走《くちばし》ってご迷惑《めいわく》かけることもありまっしゃろ。そうならんように、捕《つか》まりそうになったら、わしを切《き》ってとどめを刺《さ》してくれるよう、前《まえ》から、平野《ひらの》はんには頼《たの》んでおます」

月照《げっしょう》はこんなときにも澄《す》んだ笑顔《えがお》で言《い》う。

「いや、月照《げっしょう》どんを、誰《だれ》にも殺《ころ》させもさん。そんときは、おいが共《とも》に！」

吉之助《きちのすけ》は大《おお》きな黒目《くろめ》がちの瞳《ひとみ》をうるませて言《い》った。

「いやいや、西郷《さいごう》はん。斉彬《なりあきら》さまへの殉死《じゅんし》をとめたのは、こんなとこで、あんたを死《し》なせるためやない。あんたは、斉彬《なりあきら》さまの思《おも》いを、斉彬《なりあきら》さまに代《か》わって遂《と》げるその日《ひ》まで、生《い》きておいでなあきまへんで」

月照《げっしょう》が言《い》ったそのとき、吉之助《きちのすけ》が手配《てはい》したこの夜《よる》の宴《うたげ》の酒《さけ》や、精進料理《しょうじんりょうり》の重箱《じゅうばこ》などが運《はこ》びこまれた。

同時《どうじ》に、従僕《じゅうぼく》の重助《じゅうすけ》も、平野国臣《ひらのくにおみ》も酒《さけ》などを手《て》にして、機嫌《きげん》よく船《ふね》に乗《の》り込《こ》んできた。

もうこれ以上《いじょう》の問答《もんどう》はできない。

吉之助《きちのすけ》も、月照《げっしょう》も、何事《なにごと》もないような笑顔《えがお》になった。


その夜《よる》、したたか飲《の》んだのは、平野《ひらの》と重助《じゅうすけ》であった。

僧《そう》である月照《げっしょう》は少《すこ》し口《くち》をつけたぐらいで、吉之助《きちのすけ》は酒《さけ》が飲《の》めないので、さかずきをなめて見《み》せただけであった。

だが、気持《きも》ちよく酔《よ》ったのか、平野《ひらの》が笛《ふえ》を取《と》り出《だ》し奏《かな》で始《はじ》めた。

その笛《ふえ》の音《ね》は見事《みごと》で、吉之助《きちのすけ》は、平野《ひらの》の笛《ふえ》に酔《よ》いしれた。

その夜《よる》は、十一月《がつ》の十五夜《や》であった。

円《まる》い月《つき》は天高《てんたか》くさえ渡《わた》り、笛《ふえ》の音《ね》は、遠《とお》く高《たか》く、時《とき》にふるえ、かすれて消《き》え入《い》りそうになっては、天上《てんじょう》に吸《す》いこまれるようであった。

その笛《ふえ》の音《ね》は、吉之助《きちのすけ》の心深《こころふか》くに響《ひび》き渡《わた》った。

北《きた》へ進《すす》む船《ふね》からの景色《けしき》は、月明《つきあ》かりで夜《よる》とは思《おも》えぬほどさえ渡《わた》っていた。

右手《みぎて》に見《み》える桜島《さくらじま》の稜線《りょうせん》も、ふもとの民家《みんか》の屋根屋根《やねやね》も、月《つき》に蒼《あお》くぬれている。

その向《む》かいにそびえる島津家《しまづけ》の居城《きょじょう》、鶴丸城《つるまるじょう》も青々《あおあお》と月光《げっこう》にぬれて、城下町《じょうかまち》の瓦屋根《かわらやね》も雲母《うんも》を並《なら》べたようにきらめいている。

しっとりと夜《よ》が更《ふ》け、酔《よ》った平野《ひらの》と重助《じゅうすけ》は、片《かた》ひじを枕《まくら》に、居眠《いねむ》りを始《はじ》めた。

「西郷《さいごう》はん、そろそろ潮時《しおどき》やのう」

月照《げっしょう》が言《い》って、ふところから出《だ》した懐紙《ふところがみ》に、さらさらと歌《うた》をしたためた。

見《み》れば、辞世《じせい》の歌《うた》であったので、吉之助《きちのすけ》はその歌《うた》を大切《たいせつ》にふところに入《い》れ、おのれも歌《うた》を詠《よ》んだ。

二つなき道《みち》はこの身《み》を捨小舟《すてこぶね》　波立《なみだ》たばたて風《かぜ》ふかばふけ

そうして吉之助《きちのすけ》はたずねた。

「月照《げっしょう》どん、お一人《ひとり》で入水《じゅすい》なさるおつもりか？」

「いかにも。西郷《さいごう》はん、後《あと》はたのんまっせ」

月夜《つきよ》に澄《す》んだ白《しろ》い微笑《ほほえ》みが答《こた》える。

夜風《よかぜ》が強《つよ》くなって、船《ふね》は波間《なみま》を切《き》るように進《すす》んでいた。

その風《かぜ》のなか、月照《げっしょう》は立《た》ち上《あ》がった。

船首《せんしゅ》に出《で》れば、船《ふね》の揺《ゆ》れ、海風《うみかぜ》に、月照《げっしょう》の白《しろ》い着物《きもの》がはためく。

風《かぜ》に磨《みが》かれ、さえざえとした月明《つきあ》かりを照《て》り返《かえ》した白《しろ》い僧衣《そうい》は、月照《げっしょう》の覚悟《かくご》を映《うつ》して、まばゆいばかりに見《み》えた。

その場《ば》で、月照《げっしょう》は、成就院《じょうじゅいん》の本尊《ほんぞん》、光《ひかり》を照《て》り返《かえ》す十一面千手観世音菩薩《じゅういちめんせんじゅかんぜおんぼさつ》のごとく、手《て》を合《あ》わせ微笑《ほほえ》み、ゆらりと傾《かたむ》いた。

せつな、

「おいが、お送《おく》り申《もう》す！」

と、吉之助《きちのすけ》は月照《げっしょう》の身体《からだ》を抱《だ》き止《と》め、飛《と》んだ。

月照《げっしょう》を抱《だ》いたまま、空《くう》を落《お》ちつつ、吉之助《きちのすけ》の脳裏《のうり》には金無垢《きんむく》の観音《かんのん》がきらめいていた。

観音《かんのん》とは「我《われ》と君《きみ》」をあらわす仏《ほとけ》で、観音《かんのん》は他者《たしゃ》の苦《く》や喜《よろこ》びも、おのれのごとく感《かん》じとるという。

誰《だれ》もが、観音《かんのん》の前《まえ》では同《おな》じ一つの命《いのち》でしかないと、教《おし》えてくれたのは月照《げっしょう》であった。

「観音《かんのん》は、何《なん》にもとらわれぬ澄《す》んだ魂《たましい》で、世《よ》の中《なか》を観《み》ておられるんどっせ」

そう言《い》った月照《げっしょう》の声《こえ》が聞《き》こえたような気《き》がした瞬間《しゅんかん》、大《おお》きな波音《なみおと》とともに、吉之助《きちのすけ》は暗《くら》く冷《つめ》たい海中《かいちゅう》に沈《しず》んだ。

白《しろ》い波頭《はとう》が飛《と》び散《ち》って、客《きゃく》の二人《ふたり》が消《き》えたのを見《み》て、

「あっ」と、声《こえ》を上《あ》げたのは船頭《せんどう》であった。

「えれえことじゃ！　院主《いんじゅ》どんと、お侍《さむらい》が落《お》った！」

叫《さけ》ぶ船頭《せんどう》の声《こえ》に、平野《ひらの》と重助《じゅうすけ》が飛《と》び起《お》きた。

「ど、どこだ……っ⁉」

波間《なみま》をさがす間《あいだ》も、帆船《はんせん》は走《はし》っている。みるみる二人《ふたり》の落《お》ちた水面《みなも》が遠《とお》ざかる。

平野《ひらの》がいきなり大刀《たち》を抜《ぬ》き放《はな》って、帆《ほ》を切《き》り落《お》とした。

風《かぜ》をはらむ帆《ほ》が落《お》ち、船《ふね》はとどまりただよった。

「院主《いんじゅ》さまっ、院主《いんじゅ》さまあっ」

従僕《じゅうぼく》の重助《じゅうすけ》が背後《はいご》の海《うみ》に、泣《な》き叫《さけ》ぶ。

船《ふね》を戻《もど》して波間《なみま》をさがすが、なかなか見《み》つからない。

十一月《がつ》の海《うみ》だ。

早《はや》くさがさねば、溺《おぼ》れずとも凍《こご》え死《し》ぬ。

平野《ひらの》が焦《あせ》って、水面《みなも》を掻《か》いた。

と、漂《ただよ》う白《しろ》いものが、むくりと浮《う》かび上《あ》がってきた。

「げ、月照《げっしょう》どのか⁉」

引《ひ》き寄《よ》せると、月照《げっしょう》と吉之助《きちのすけ》が、お互《たが》いに抱《だ》き合《あ》ったまま、動《うご》かなかった。

平野《ひらの》と重助《じゅうすけ》は二人《ふたり》を船上《せんじょう》に引《ひ》き上《あ》げ、水《みず》を吐《は》かせようと胸《むね》を押《お》したり、うつぶせにして折《お》った膝《ひざ》で胸《むね》や腹《はら》を押《お》してみたりして、必死《ひっし》で介抱《かいほう》した後《のち》、急《いそ》ぎ、医者《いしゃ》へ運《はこ》んだ。

それでも意識《いしき》の戻《もど》らぬ二人《ふたり》を寝《ね》かせたそばで火《ひ》を焚《た》き、その身体《からだ》を温《あたた》めてみた。

「うぐ……っ」

見《み》ると、温《あたた》まって蘇生《そせい》したのか、吉之助《きちのすけ》の唇《くちびる》から、だらだらと水《みず》がこぼれた。

「水《みず》を吐《は》いたっ。助《たす》かるぞっ！」

平野《ひらの》が言《い》ったので、重助《じゅうすけ》もまだ意識《いしき》の戻《もど》らない月照《げっしょう》の胸《むね》を押《お》したり、持《も》ち上《あ》げたりしたが、月照《げっしょう》はもう水《みず》を吐《は》かず、冷《ひ》え切《き》った体温《たいおん》も戻《もど》らなかった。

「西郷《さいごう》どんっ」

呼《よ》ばれた声《こえ》に目覚《めざ》めたのは、入水《じゅすい》より五日《かか》も経《た》ってからであった。

しかも、身体《からだ》の不調《ふちょう》は戻《もど》らず、吉之助《きちのすけ》は長《なが》くふしたまま過《す》ごした。

その間《かん》に、月照《げっしょう》の従僕《じゅうぼく》、重助《じゅうすけ》は藩庁《はんちょう》から幕吏《ばくり》の手《て》に渡《わた》って、取《と》り調《しら》べを受《う》けることになり、平野《ひらの》は薩摩《さつま》からの国外退去《こくがいたいきょ》となった。

だが、寝《ね》たきりの吉之助《きちのすけ》は、彼《かれ》らに何《なに》もしてやれなかった。

薩摩《さつま》を退去《たいきょ》するとき、変《か》わり者《もの》の平野《ひらの》は、かの笛《ふえ》をびょうびょうと奏《かな》でつつ去《さ》ったという。

吉之助《きちのすけ》の幼《おさな》なじみの友《とも》、大久保正助《おおくぼしょうすけ》などが平野《ひらの》を見送《みおく》ってくれたと知《し》って、動《うご》けなかった吉之助《きちのすけ》は心《こころ》から感謝《かんしゃ》した。


おのれだけ生《い》き残《のこ》った吉之助《きちのすけ》は、月照《げっしょう》と互《たが》いに刺《さ》し違《ちが》えて入水《じゅすい》すれば、一人《ひとり》で生《い》き残《のこ》るようなぶざまなことにはならなかったのに……と悔《く》いた。

だが、あのとき、吉之助《きちのすけ》は月照《げっしょう》を守《まも》って、ともに死《し》のうとしたのだ。その吉之助《きちのすけ》が、月《げっ》照《しょう》を刺《さ》すことなどできるはずもなかった。

（あの夜《よる》が明《あか》るい月夜《つきよ》でなければ、助《たす》けらるっことはなかったのに……）と、吉之助《きちのすけ》は思《おも》った。

そのとき、気《き》づいた。

（月《つき》の光《ひかり》に助《たす》けられたということは……月《つき》を照《て》り返《かえ》すあの海《うみ》に助《たす》けられたということじゃ。

それはまさに、月照《げっしょう》どんに助《たす》けられたということではないのか……っ！）と。

吉之助《きちのすけ》の脳裏《のうり》に、月照《げっしょう》の白《しろ》く透《す》き通《とお》った微笑《ほほえ》みがよみがえった。

（月照《げっしょう》どん……！）

目覚《めざ》めても動《うご》けない吉之助《きちのすけ》の身体《からだ》はひどく衰弱《すいじゃく》していたが、月照《げっしょう》の微笑《ほほえ》みが静《しず》かに吉之《きちの》助《すけ》を包《つつ》んでくれるようで、いつしか、つらつら眠《ねむ》ってしまい、また目覚《めざ》めるような日々《ひび》が続《つづ》いていた。

十二月《がつ》になって、薩摩藩庁《さつまはんちょう》は吉之助《きちのすけ》の処分《しょぶん》を決定《けってい》した。

入水未遂《じゅすいみすい》は、武士《ぶし》にとって死《し》に値《あたい》する重罪《じゅうざい》であったが、斉彬《なりあきら》が重用《ちょうよう》し、諸大名《しょだいみょう》にも知《し》られた「薩摩《さつま》の西郷《さいごう》」を処刑《しょけい》することもできないので、藩庁《はんちょう》は吉之助《きちのすけ》に、奄美大島《あまみおおしま》への潜居《せんきょ》を命《めい》じた。

潜居《せんきょ》とは、遠島流刑《えんとうるけい》とは違《ちが》って、わずかな扶持米《ふちまい》がもらえる。いわば、左遷《させん》である。

だが、このとき、藩庁《はんちょう》は、吉之助《きちのすけ》に、菊池源吾《きくちげんご》という名《な》を名乗《なの》らせた。

幕府《ばくふ》から、吉之助《きちのすけ》の居所《きょしょ》を隠《かく》すためでもあった。

吉之助《きちのすけ》が潜居《せんきょ》になると聞《き》いた大久保正助《おおくぼしょうすけ》が、西郷家《さいごうけ》を訪《たず》ねてきてくれた。

「吉之助《きちのすけ》どん、大島《おおしま》などへ行《い》かず、肥後《ひご》にのがれてはどうじゃ」

それは、大久保《おおくぼ》なりに、吉之助《きちのすけ》の今後《こんご》を考《かんが》えてくれた言葉《ことば》であったが、

「いや、おいはもう、死《し》んだも同然《どうぜん》。土中《どちゅう》の死骨《しこつ》じゃ。天《てん》が生《い》き返《かえ》らせたんなら、天《てん》の命《めい》ずっまま、生《い》きっしかあらんめえ」

吉之助《きちのすけ》は、郷中《ごじゅう》にいた頃《ころ》のごとく、仲間言葉《なかまことば》で応《おう》じた。

会《あ》えば、互《たが》いに若《わか》き日《ひ》がよみがえる二人《ふたり》であったが、この日《ひ》の吉之助《きちのすけ》の表情《ひょうじょう》には、若《わか》き日《ひ》の輝《かがや》きはなかった。

ただ、澄《す》みきった何《なに》かが吉之助《きちのすけ》を包《つつ》みこんでいるようで、大久保《おおくぼ》は、不思議《ふしぎ》そうに、吉《きち》之助《のすけ》を見《み》つめていた。

そのとき、吉之助《きちのすけ》の黒目《くろめ》がちの大《おお》きな目《め》が細《ほそ》く弓《ゆみ》なりになった。

「正助《しょうすけ》どん。入水《じゅすい》したあん日《ひ》から、どこへ行《い》っても、おいには観音《かんのん》さまが見《み》えるような気《き》がするんじゃ。金無垢《きんむく》だが、そんでいて、ガラスんごつ透《す》き通《とお》った観音《かんのん》さまが……!」

吉之助《きちのすけ》は微笑《ほほえ》みつつ、遠《とお》い目《め》をした。

どこへ行《い》っても、吉之助《きちのすけ》の目《め》には、観音菩薩《かんのんぼさつ》が見《み》えていたのだ。

それは、長《なが》く、吉之助《きちのすけ》の心《こころ》から去《さ》らなかった。


十二月下旬《がつげじゅん》、体調《たいちょう》が回復《かいふく》したので、吉之助《きちのすけ》は奄美大島《あまみおおしま》へ向《む》かった。

だが、天候《てんこう》が悪《わる》く風波《ふうは》がおさまらなかったので、鶴《つる》のくちばしに似《に》た錦江湾口《きんこうわんぐち》にある漁《ぎょ》港《こう》「鶴《つる》の港《みなと》」で風待《かぜま》ちをした。


気《き》づけば正月《しょうがつ》も過《す》ぎて、乗《の》り合《あ》いの人々《ひとびと》は、風待《かぜま》ちの間《あいだ》、船《ふね》を降《お》りてそばにある温泉《おんせん》へ行《い》ったり戻《もど》ったりしたが、吉之助《きちのすけ》は船《ふね》から出《で》ないで、ただ本《ほん》を読《よ》んだ。

安政六年《あんせいねん》（一八五九年《ねん》）一月十二日《がつにち》の昼《ひる》、ようやく風《かぜ》がおさまり、吉之助《きちのすけ》は、奄美大島《あまみおおしま》の阿丹崎《あたんざき》の港《みなと》へ入《はい》った。

吉之助《きちのすけ》が預《あず》けられたのは、奄美大島《あまみおおしま》の龍郷村《たじごむら》というところで、使用人《しようにん》が七十人《にん》もいるこの島《しま》の豪族《ごうぞく》、龍佐民《りゅうさみん》という人物《じんぶつ》の屋敷《やしき》の離《はな》れであった。

龍佐民《りゅうさみん》は、龍家《りゅうけ》の子孫《しそん》で、かつて奄美大島《あまみおおしま》を治《おさ》めていた一族《いちぞく》だった。

吉之助《きちのすけ》は、龍佐民《りゅうさみん》から使用人《しようにん》も付《つ》けてもらい、一年《ねん》に六石《こく》（十二俵《ひょう》）の米《こめ》の扶持《ふち》も藩《はん》から与《あた》えられていたので、暮《く》らしには困《こま》らなかった。

だが、島《しま》の気候《きこう》には閉口《へいこう》した。

「晴《は》れる日《ひ》が一日《にち》もなく、雨《あめ》ばかり。激《はげ》しい雨《あめ》が降《ふ》るとは聞《き》いていたが、これほどとは……」と、大久保《おおくぼ》に手紙《てがみ》を書《か》いた。

そんな暮《く》らしの中《なか》、吉之助《きちのすけ》は、奄美《あまみ》を支配《しはい》した薩摩藩政《さつまはんせい》のひどい仕打《しう》ちを知《し》った。

藩庁《はんちょう》は、奄美《あまみ》の豪族《ごうぞく》や旧家《きゅうけ》の代々《だいだい》の系図《けいず》や、古文書《こもんじょ》を取《と》り上《あ》げてまで焼却《しょうきゃく》したという。

なんのために、そんなことをしたのか、おそらく、奄美《あまみ》の人々《ひとびと》に根付《ねづ》いた文化《ぶんか》を破壊《はかい》して、支配《しはい》するためであったのだろう。

だが、実《じつ》のところ、昔《むかし》から、いや、この後《のち》ずっと、薩摩藩《さつまはん》を支《ささ》えたのは琉球《りゅうきゅう》と奄美諸島《あまみしょとう》であった。

慶長《けいちょう》十四年《ねん》（一六〇九年《ねん》）に、薩摩藩《さつまはん》は琉球《りゅうきゅう》の奄美諸島《あまみしょとう》に侵攻《しんこう》、支配《しはい》した。

そして、稲作《いなさく》を禁《きん》じ、サトウキビだけを作《つく》らせるようになっていたのだ。

そのサトウキビから得《え》た砂糖《さとう》の利益《りえき》で、幕末《ばくまつ》の薩摩藩《さつまはん》は近代的《きんだいてき》な武器《ぶき》や軍艦《ぐんかん》などを購入《こうにゅう》、また製造《せいぞう》することもできたのだった。

しかも、藩庁《はんちょう》は、この島《しま》の特産品《とくさんひん》であるサトウキビから作《つく》る黒砂糖《くろざとう》に、非常《ひじょう》に厳《きび》しい規《き》則《そく》や税《ぜい》を課《か》したので、藩《はん》への借財《しゃくざい》がかさんでしまった島民《とうみん》は、家人《ヤンチュ》と呼《よ》ばれる、豪族《ごうぞく》や豪《ごう》農《のう》の奴隷《どれい》になるしかなかった。

しかも、その家人《ヤンチュ》の数《かず》は、村《むら》や集落《しゅうらく》の半分《はんぶん》にもなっていたのだ。

それでも、村《むら》で会《あ》えば、笑顔《えがお》を返《かえ》してくれる者《もの》もあり、やがて、吉之助《きちのすけ》はそれら農民《のうみん》や家人《ヤンチュ》とも、声《こえ》をかけ合《あ》うことができるようになった。

そんな暮《く》らしのなか、吉之助《きちのすけ》につけられた使用人《しようにん》もまた、家人《ヤンチュ》であった。

その家人《ヤンチュ》は、まだ十二、三の男《おとこ》の子《こ》で、ある日《ひ》、吉之助《きちのすけ》は、その子《こ》が泣《な》きじゃくってい

るのを見《み》つけた。

「どげんした?」

吉之助《きちのすけ》はたずねたが、その子《こ》は泣《な》くばかりであった。

そのとき、龍佐民《りゅうさみん》の娘《むすめ》が駆《か》け寄《よ》ってきて、黙《だま》ったまま、その子《こ》を、ぎゅっと抱《だ》きしめた。

奄美《あまみ》の女《おんな》はみな美《うつく》しいが、その娘《むすめ》は際立《きわだ》って美《うつく》しく、しかも、そのしぐさは母《はは》のごとく豊《ゆた》かであった。

家人《ヤンチュ》のその子《こ》は、母《はは》の胸《むね》にすがるようにして、ヒックヒックとしゃくりあげている。

せつな、吉之助《きちのすけ》の目《め》に、ガラスのように透《す》き通《とお》った月照《げっしょう》の化身《けしん》が見《み》えた……いや、「我《われ》

と君《きみ》」という慈悲心《じひしん》をその生身《なまみ》に抱《いだ》く娘《むすめ》に、吉之助《きちのすけ》はただ見《み》とれた。

「西郷《さいごう》さん」

声《こえ》をかけられて見《み》ると、龍佐民《りゅうさみん》が立《た》っていた。

龍佐民《りゅうさみん》は、吉之助《きちのすけ》のこのときの変名《へんめい》、菊池《きくち》さんとは呼《よ》ばず、いつも「西郷《さいごう》さん」と呼《よ》んでくれていた。

「あのキビ畑《ばたけ》をごらんください。この一面《いちめん》に広《ひろ》がるキビから作《つく》る黒砂糖《くろざとう》はすべて、薩摩藩《さつまはん》が管理《かんり》しておるのですが、その黒砂糖《くろざとう》のひとかけをどこかに隠《かく》したという疑《うたが》いで、その子《こ》の父親《ちちおや》が捕《と》らえられました。父親《ちちおや》も我《わ》が家《や》の家人《ヤンチュ》ですが、『やっていない』というのに、『白状《はくじょう》せよ』と、役人《やくにん》から拷問《ごうもん》のような仕打《しう》ちを受《う》けておるのです。……西郷《さいごう》さん、なんとか、助《たす》けることはできんでしょうか?」

龍佐民《りゅうさみん》が言《い》った。

ここ、奄美《あまみ》では、ほんのひとかたまりの砂糖《さとう》であっても、農民《のうみん》の自由《じゆう》にはならなかったのだ。

サトウキビから作《つく》る黒砂糖《くろざとう》はキビのしぼり汁《じる》をゆっくりゆっくり煮沸《しゃふつ》してつくる。

そうしてできた黒砂糖《くろざとう》の結晶《けっしょう》は、天然《てんねん》の甘《あま》みが濃《こ》く、果物《くだもの》のようにさわやかで、クセもなく後味《あとあじ》も良《よ》い。

だが、貧《まず》しい奄美《あまみ》の人々《ひとびと》が口《くち》にする機会《きかい》はめったになく、その父親《ちちおや》は、たったひとかたまりを盗《ぬす》んだという疑《うたが》いをかけられたらしい。


「わかった。役人《やくにん》に掛《か》け合《お》うてみよう」

吉之助《きちのすけ》はそう答《こた》えて、島《しま》の役人《やくにん》に掛《か》け合《あ》った。

奄美《あまみ》の農政《のうせい》については深《ふか》くは知《し》らなかったが、この島《しま》の農民《のうみん》を見れば、その貧《まず》しさに、吉之助《きちのすけ》の胸《むね》は痛《いた》んでいた。

斉彬《なりあきら》の元気《げんき》だった頃《ころ》、篤姫《あつひめ》の婚礼準備《こんれいじゅんび》に、どれほど国《くに》の資金《しきん》を使《つか》ったか……。

そう思《おも》えば、姫《ひめ》のかんざし一本《ぽん》であっても、この島《しま》の人々《ひとびと》を助《たす》けられたのではないか、あの婚礼《こんれい》さえも民《たみ》を苦《くる》しめたのではなかったかと、とても黙《だま》ってはいられなかったのだ。

幸運《こううん》にも、たとえ左遷《させん》であっても、もともと薩摩藩《さつまはん》の中心《ちゅうしん》にいた吉之助《きちのすけ》の立場《たちば》はこの島《しま》では強《つよ》かった。

役人《やくにん》に会《あ》って掛《か》け合《あ》った。

「こん者《もの》はやっちょらんと、龍佐民《りゅうさみん》も言《い》うちょる。放《はな》してやってくれんか?」

そう言《い》って、吉之助《きちのすけ》は島《しま》の役人《やくにん》に丁寧《ていねい》に頭《あたま》を下《さ》げた。

薩摩藩《さつまはん》の西郷《さいごう》だと聞《き》いて、やや警戒《けいかい》していた役人《やくにん》の表情《ひょうじょう》がゆるんだ。

「薩藩《さっぱん》のお方《かた》がそうおっしゃるなら、わかりました」と、役人《やくにん》は、吉之助《きちのすけ》にはひたすら低《てい》姿勢《しせい》であった。

そうやって、その父親《ちちおや》を救《すく》ったが、吉之助《きちのすけ》にはそれで終《お》わりとは思《おも》えなかった。

なにより、農民《のうみん》や家人《ヤンチュ》の貧《まず》しさを救《すく》ってやりたかったのだ。

それで、ふと気《き》づいた。

作物《さくもつ》には、年《とし》ごとに豊作《ほうさく》もあれば不作《ふさく》もある。黒砂糖《くろざとう》となる作物《さくもつ》サトウキビもまた、毎《まい》年同《としおな》じものを作《つく》り続《つづ》けると、不作《ふさく》となることもある。

ことに、牛《ぎゅう》ふんなどの肥料《ひりょう》が少《すく》ない奄美《あまみ》での農業《のうぎょう》は厳《きび》しかったのだ。

吉之助《きちのすけ》はもともと貧乏藩士《びんぼうはんし》だったので、家《いえ》の庭《にわ》や敷地《しきち》で、つねに畑《はたけ》を耕《たがや》していた。

そこで、思《おも》いついた。

牛《ぎゅう》ふんのような動物性《どうぶつせい》の肥料《ひりょう》の代《か》わりにマメ科《か》の作物《さくもつ》などを作《つく》って土壌《どじょう》にすき込《こ》めばよいのではないかと。

そうして、それを、人々《ひとびと》に教《おし》えたりした。

さらに、飢饉《ききん》にそなえ、みなで穀物《こくもつ》などをたくわえる社倉《しゃそう》という制度《せいど》も教《おし》えた。

そんなこともあったからか、薩摩藩《さつまはん》からの吉之助《きちのすけ》の扶持《ふち》は一年《ねん》六石《こく》から、十二石《こく》に増《ふ》えた。

吉之助《きちのすけ》は、暮《く》らしに困《こま》った農民《のうみん》を、その扶持《ふち》で助《たす》けるようになった。

同年《どうねん》十一月《がつ》に、吉之助《きちのすけ》は龍佐民《りゅうさみん》にすすめられ、龍佐民《りゅうさみん》の娘《むすめ》と結婚《けっこん》することになった。美《うつく》しく豊《ゆた》かなその娘《むすめ》の名《な》は「愛加那《あいかな》」。

年齢《ねんれい》はまだ二十三歳《さい》で、吉之助《きちのすけ》より十歳《さい》ほど下《した》であった。

吉之助《きちのすけ》は、この奄美大島《あまみおおしま》で、美《うつく》しく豊《ゆた》かな愛加那《あいかな》に愛《あい》され、やがて島《しま》の人々《ひとびと》にも慕《した》われて、おだやかで温《あたた》かな暮《く》らしを手《て》に入《い》れたのだった。

だが、島《しま》へ来《き》て二年後《ねんご》、薩摩藩《さつまはん》において、久光《ひさみつ》から聡明《そうめい》さをかわれ、重用《ちょうよう》されていた大久保《おおくぼ》からの手紙《てがみ》が届《とど》いた。

「江戸城桜田門外《えどじょうさくらだもんがい》において、登城《とうじょう》する幕府大老《ばくふたいろう》、彦根藩主《ひこねはんしゅ》、井伊直弼《いいなおすけ》の行列《ぎょうれつ》を、水戸藩士《みとはんし》、脱藩者《だっぱんしゃ》など十七名《めい》、および薩摩藩士《さつまはんし》一名《めい》が襲撃《しゅうげき》して、井伊直弼《いいなおすけ》を見事《みごと》討《う》ち取《と》った」

それは、安政七年《あんせいねん》（一八六〇年《ねん》）三月三日《がつか》、雪《ゆき》の日《ひ》に、江戸《えど》で起《お》きた「桜田門外《さくらだもんがい》の変《へん》」の知《し》らせであった。

それを見《み》て、吉之助《きちのすけ》は身《み》が引《ひ》き締《し》まった。

たった十八名《めい》の武士団《ぶしだん》が、護衛《ごえい》に守《まも》られた大老《たいろう》、井伊直弼《いいなおすけ》を討《う》ち取《と》ったのだ……と、つい、感動《かんどう》せずにはいられなかった。

将軍《しょうぐん》の代《か》わりにすべてを決《き》められる幕府大老《ばくふたいろう》は、いわば幕府《ばくふ》のトップとも言《い》えた。

この日《ひ》は雪《ゆき》だったので、行列《ぎょうれつ》の護衛《ごえい》はカッパや刀《かたな》の覆《おお》いのため一瞬遅《いっしゅんおく》れをとった。

とはいえ、たった一発《ぱつ》のピストルと、十八名《めい》の襲撃者《しゅうげきしゃ》によって、幕府《ばくふ》のトップ、大老《たいろう》が暗殺《あんさつ》されたのだ。


この知《し》らせを受《う》けて、吉之助《きちのすけ》は、今《いま》は亡《な》くなってしまった斉彬《なりあきら》を思《おも》った。

（斉彬《なりあきら》さまが目指《めざ》しておられたのは公武合体《こうぶがったい》であり、この国《くに》が一つになって、列強国《れっきょうこく》に食《く》い散《ち》らされたり、不公平《ふこうへい》な条約《じょうやく》を結《むす》ばされたりしないように、富国強兵《ふこくきょうへい》につとめてから開《かい》国《こく》することであった……）

と、吉之助《きちのすけ》は思《おも》い返《かえ》した。

（斉彬《なりあきら》さまのお考《かんが》えは、断《だん》じて、水戸《みと》藩《はん》や水戸《みと》藩士《はんし》、尊王攘夷《そんのうじょうい》の浪士《ろうし》らが言《い》うような無策《むさく》の攘夷《じょうい》ではなかった。……とすれば、暗殺《あんさつ》された井伊《いい》直弼《なおすけ》もまた、幕府《ばくふ》の富国強兵《ふこくきょうへい》を考《かんが》え、開国《かいこく》せねばならぬと決断《けつだん》したのであろう）

そう思《おも》えば、吉之助《きちのすけ》はひそかに井伊《いい》をとむらう気持《きも》ちもあった。

だが、その井伊《いい》の「上様《うえさま》のおぼしめしにおいて」という言葉《ことば》一つで、大名《だいみょう》から浪士《ろうし》に至《いた》るまでが、江戸《えど》や京《きょう》で謹慎《きんしん》、隠居《いんきょ》させられ、さらに重罪処分《じゅうざいしょぶん》になったり、処刑《しょけい》された者《もの》がどれほど多《おお》かったか……。

吉之助《きちのすけ》の江戸《えど》での友《とも》や、月照《げっしょう》までが死《し》ななければならなかったのも、井伊《いい》直弼《なおすけ》の行《おこな》った「安政《あんせい》の大獄《たいごく》」の結果《けっか》であったのだ。

その直弼《なおすけ》がいなくなったことは、斉彬《なりあきら》の遺言《ゆいごん》を果《は》たすために、大《おお》きな障害《しょうがい》がなくなったということでもあったので、吉之助《きちのすけ》にとっては、まさに快挙《かいきょ》であった。

「やったぞっ」と思《おも》わずには、いられなかった。

六、時節至《じせついた》る

「天下《てんか》は大《おお》きく変《か》わった。すぐ帰《かえ》れ」

文久元年《ぶんきゅうがんねん》（一八六一年《ねん》）の十二月《がつ》、奄美《あまみ》へ来《き》て三年《ねん》がたった頃《ころ》、薩摩藩《さつまはん》より吉之助《きちのすけ》に呼《よ》び出《だ》しがかかった。

それは、今《いま》は薩摩藩《さつまはん》の藩父《はんぷ》（藩主《はんしゅ》の父《ちち》）となった島津久光《しまづひさみつ》に重用《ちょうよう》されている大久保《おおくぼ》らが動《うご》いて、久光《ひさみつ》を説得《せっとく》したからであった。

なにより、国《くに》もとしか知《し》らない久光《ひさみつ》では、この大切《たいせつ》な時期《じき》にどう動《うご》いていいやら、それは大久保《おおくぼ》にもよくわからなかったのだ。

ここは、斉彬《なりあきら》とともに活動《かつどう》し、江戸《えど》の大名《だいみょう》や京《きょう》の公家《くげ》とも親《した》しい吉之助《きちのすけ》の出番《でばん》でもあった。

けれど、奄美《あまみ》で吉之助《きちのすけ》が結婚《けっこん》した愛加那《あいかな》は、正妻《せいさい》として薩摩《さつま》に連《つ》れ帰《かえ》ることは許《ゆる》されなかった。

吉之助《きちのすけ》と愛加那《あいかな》は、奄美《あまみ》の龍佐民《りゅうさみん》の一族《いちぞく》に祝《いわ》われ、結婚式《けっこんしき》もあげて正式《せいしき》な妻《つま》としたのに、薩摩《さつま》の国《くに》からは、奄美《あまみ》の女《おんな》は「島妻《あんご》」と呼《よ》ばれて差別《さべつ》されていたのだ。

愛加那《あいかな》と吉之助《きちのすけ》の間《あいだ》には、すでに長男《ちょうなん》の菊次郎《きくじろう》が生《う》まれて可愛《かわい》いさかりであったうえに、二人目《ふたりめ》の子《こ》は愛加那《あいかな》のお腹《なか》にいたのに、正式《せいしき》な妻《つま》として認《みと》められず、妻《つま》も子《こ》も島《しま》へおいて帰《かえ》るようにという、冷酷《れいこく》な薩摩藩《さつまはん》の命令《めいれい》であった。

「吉《きち》さま。あなたと裂《さ》かれて、私《わたし》はどう生《い》きればいいのでしょう！」

泣《な》きむせぶ愛加那《あいかな》の肩《かた》を抱《だ》き、吉之助《きちのすけ》もたまらず泣《な》いた。

厳《きび》しく苦《くる》しかった吉之助《きちのすけ》の人生《じんせい》の中《なか》で、目《め》も覚《さ》めるような大《おお》きく豊《ゆた》かな幸《しあわ》せをくれた愛《あい》加那《かな》は、吉之助《きちのすけ》にとってもかけがえのない人《ひと》であったのだ。

「死《し》ぬまで、おいは愛加那《あいかな》を思《おも》うちょる。たとえ、遠《と》う離《はな》れてん、おいの女房《にょうぼう》はぬしじゃ」

吉之助《きちのすけ》はそう言《い》って、愛加那《あいかな》の涙《なみだ》をぬぐってやることしかできなかった。

吉之助《きちのすけ》が悲《かな》しめば、愛加那《あいかな》も悲《かな》しみ、愛加那《あいかな》が微笑《ほほえ》めば、吉之助《きちのすけ》も微笑《ほほえ》んでいた。

一心同体《いっしんどうたい》とはこういうことではないかと思《おも》うような奄美《あまみ》での暮《く》らしであった。

我《われ》と君《きみ》はいつも共《とも》にあり、切《き》り離《はな》すことなどできない。

そう思《おも》えば、生木《なまき》を裂《さ》かれるような痛《いた》みを、吉之助《きちのすけ》は胸《むね》の奥《おく》に感《かん》じていた。

だが、それを口《くち》にしては、さらに愛加那《あいかな》を悲《かな》しませる気《き》がして、吉之助《きちのすけ》はぐっと奥歯《おくば》を噛《か》みしめた。

と、まだ、はいはいしかできない小《ちい》さな長男《ちょうなん》、菊次郎《きくじろう》が「あじゃ、あじゃ」と吉之助《きちのすけ》にまとわりついてくる。

「あじゃ」とは、奄美《あまみ》の言葉《ことば》で「父《とう》ちゃん」と言《い》っているのだと、今《いま》の吉之助《きちのすけ》にはわかる。

「きっと、また会《あ》ゆっ！　それまで、元気《げんき》でな」

吉之助《きちのすけ》は菊次郎《きくじろう》を抱《だ》き上《あ》げ抱《だ》きしめて、柔《やわ》らかな可愛《かわい》い頬《ほお》に頬《ほお》ずりして、別《わか》れを告《つ》げるしかなかった。

迎《むか》えの船《ふね》に乗《の》って薩摩《さつま》に帰《かえ》った吉之助《きちのすけ》は、年《とし》が明《あ》けた春《はる》に、大久保《おおくぼ》に会《あ》った。

「うーとん、元気《げんき》やったかの？」

大久保《おおくぼ》が、郷中《ごじゅう》時代《じだい》のあだ名《な》で、吉之助《きちのすけ》を呼《よ》んだ。

「おお、正助《しょうすけ》どん。いや、今《いま》は一蔵《いちぞう》どんじゃの」

吉之助《きちのすけ》も輝《かがや》くような人懐《ひとなつ》っこい笑顔《えがお》になった。

正助《しょうすけ》と呼《よ》ばれていた大久保《おおくぼ》は、今《いま》は「一蔵《いちぞう》」と名乗《なの》っていたのだ。

「うーとん……いや、西郷《さいごう》どん。折《お》り入《い》って相談《そうだん》がある」

大久保《おおくぼ》はそう言《い》って、今《いま》まさに起《お》ころうとしていることを語《かた》った。

「久光公《ひさみつこう》の若君《わかぎみ》、壮之助《そうのすけ》さまは、今《いま》は島津忠義《しまづただよし》と名《な》を改《あらた》め薩摩藩主《さつまはんしゅ》じゃが、今《いま》の藩政《はんせい》を牛耳《ぎゅうじ》っちょるのは、久光公《ひさみつこう》なんじゃ。その久光公《ひさみつこう》が、桜田門外《さくらだもんがい》の井伊直弼《いいなおすけ》襲撃《しゅうげき》において、襲《しゅう》撃団《げきだん》のほとんどが水戸藩《みとはん》の者《もの》であったのに、一人《ひとり》、薩摩藩士《さつまはんし》がまじっちょったんに激怒《げきど》されてのう。しかも、井伊直弼《いいなおすけ》の首《くび》を取《と》ったのが、その薩摩藩士《さつまはんし》であったのじゃが、その者《もの》はおのれも負傷《ふしょう》し、江戸《えど》の番所前《ばんしょまえ》で自害《じがい》してのう……」

大久保《おおくぼ》は眉《まゆ》をひそめた。

「それで、襲撃《しゅうげき》の報告《ほうこく》をしたのは、その兄《あに》であったのじゃが、久光公《ひさみつこう》は、この兄《あに》にも激怒《げきど》されて、その場《ば》で切腹《せっぷく》を命《めい》じられた」

さらに、その兄弟《きょうだい》の長兄《ちょうけい》こそ、かつて吉之助《きちのすけ》や大久保《おおくぼ》が、ともに読書会《どくしょかい》をした仲間《なかま》、有村俊斎《ありむらしゅんさい》（後《のち》の海江田信義《かいえだのぶよし》）だったというのだ。

吉之助《きちのすけ》は、沸騰《ふっとう》する時代《じだい》のさなかで死《し》もかえりみず、猛進《もうしん》する若者《わかもの》たちのかげで深《ふか》い悲《かな》しみにさらされる親兄弟《おやきょうだい》を思《おも》った。

ともかく、吉之助《きちのすけ》が、奄美《あまみ》で「快挙《かいきょ》」だと祝《いわ》った桜田門外《さくらだもんがい》の変《へん》も、久光《ひさみつ》には家臣《かしん》の先走《さきばし》りにしか見《み》えなかったということであった。

「しかも、この二月《がつ》には、孝明天皇《こうめいてんのう》の異母妹《いぼいもうと》、皇女和宮《こうじょかずのみや》さまが将軍徳川家茂《しょうぐんとくがわいえもち》の江戸城《えどじょう》へ降《こう》嫁《か》されてのう」

大久保《おおくぼ》は語《かた》り続《つづ》けた。

「和宮《かずのみや》さまは桂御所《かつらごしょ》を出発《しゅっぱつ》して、中山道《なかせんどう》を江戸《えど》へ向《む》かったそうじゃが、その行列《ぎょうれつ》は、警護《けいご》や人足《にんそく》を含《ふく》めると三万人《にん》にものぼって、行列《ぎょうれつ》の長《なが》さは十二、三里《り》（ほぼ五十キロメートル）もあったというが、この警護《けいご》には十二の藩《はん》が、沿道《えんどう》の警備《けいび》には二十九藩《はん》もの大名家《だいみょうけ》が動員《どういん》されたんじゃ。つまり、和宮《かずのみや》さま降嫁《こうか》は、桜田門外《さくらだもんがい》の変《へん》で強《つよ》い危機感《ききかん》を持《も》った幕府《ばくふ》にとって、日本国中《にほんこくじゅう》へ、公武合体《こうぶがったい》を現《あらわ》す婚礼《こんれい》であったわけじゃ」

大久保《おおくぼ》が語《かた》る公武合体《こうぶがったい》こそ、かつて斉彬《なりあきら》が望《のぞ》んだことだと思《おも》えば、吉之助《きちのすけ》は、すでに亡《な》くなった前将軍家定《ぜんしょうぐんいえさだ》の妻《つま》であった篤姫《あつひめ》のことを思《おも》った。

篤姫《あつひめ》は今《いま》は尼《あま》となり天璋院《てんしょういん》と呼《よ》ばれ、江戸城《えどじょう》の大奥《おおおく》にいるはずだったので、この皇女和《こうじょかず》宮《みや》を、天璋院《てんしょういん》は大奥《おおおく》で迎《むか》えたことになる。

「それでのう。これじゃ」と、大久保《おおくぼ》が『幕政改革献策《ばくせいかいかくけんさく》』と書《か》かれた書面《しょめん》を、吉之助《きちのすけ》に見《み》せた。

「久光《ひさみつ》さまは、この期《き》に、軍《ぐん》を率《ひき》いて京《きょう》へのぼり、斉彬《なりあきら》さまがなさろうとしてできなかったことをかなえようとなさっているのだ」

と、大久保《おおくぼ》が見《み》せた書面《しょめん》には、この国《くに》のことは、将軍自《しょうぐんみずか》ら京《きょう》へのぼって、天皇《てんのう》に相談《そうだん》し報告《ほうこく》せよというようなことや、幕府《ばくふ》の政《まつりごと》を改革《かいかく》するための色々《いろいろ》が書《か》かれていた。

だが、薩摩《さつま》の藩父《はんぷ》、島津久光《しまづひさみつ》は、このときも、家臣《かしん》が藩主《はんしゅ》の意向《いこう》を無視《むし》して先走《さきばし》ることを強《つよ》くきらい続《つづ》けていることを、吉之助《きちのすけ》は不安《ふあん》に思《おも》った。

かつて、島津家《しまづけ》を二つに割《わ》ってしまった「お由羅騒動《ゆらそうどう》」のときですら、亡《な》き斉彬《なりあきら》は、自《みずか》らに逆《さか》らった家臣《かしん》の誰《だれ》をも罰《ばっ》しようとはしなかった。

その斉彬《なりあきら》に比《くら》べ、久光《ひさみつ》は非常《ひじょう》に激《げき》しやすい人《ひと》ではないか……と思《おも》う。

（それに、久光公《ひさみつこう》はこの国《くに》を出《で》たこともなく、朝廷《ちょうてい》からも斉彬《なりあきら》さまのように信頼《しんらい》されていない。しかも藩主《はんしゅ》でもなく、朝廷《ちょうてい》での官位《かんい》がない久光公《ひさみつこう》が、これほどの献策《けんさく》を、朝廷《ちょうてい》や幕府《ばくふ》にすすめることができるだろうか……）

そう思《おも》わずにはいられなかった。

その久光《ひさみつ》の前《まえ》に呼《よ》び出《だ》された吉之助《きちのすけ》はそれを正直《しょうじき》に言《い》ってしまう。

しかも、藩父《はんぷ》に対《たい》して言葉《ことば》を選《えら》ばなかった。

「はばかりながら、薩摩《さつま》の藩父《はんぷ》とはいえ、いまだ無位無官《むいむかん》の久光《ひさみつ》さまが、諸藩《しょはん》、朝廷《ちょうてい》、幕《ばく》府《ふ》などをそれほど動《うご》かすことができようか？　お国言葉《くにことば》で申《もう》し上《あ》ぐれば、久光《ひさみつ》さまは、いまだ、地《じ》ゴロでござろう」

「地《じ》ゴロ」とは、薩摩言葉《さつまことば》でいう「田舎者《いなかもの》」のことである。

この言葉《ことば》に怒《おこ》らぬ者《もの》はいないだろう。

久光《ひさみつ》の顔色《かおいろ》が、みるみる青《あお》くなった。

だが、怒《いか》りをおさえているのか、久光《ひさみつ》は何《なに》も言《い》わなかった。

ただ、「下《さ》がってよい」とだけ言《い》った。

そのまま、この献策《けんさく》を手《て》に、何《なに》がなんでも京《きょう》へ行《い》くことを決《き》めたのだ。

しかも、街道《かいどう》が騒《さわ》ぎにならぬようにと、吉之助《きちのすけ》がすすめた海路《かいろ》をとらず、陸路《りくろ》の大名行列《だいみょうぎょうれつ》での出発《しゅっぱつ》を決《き》めたのだった。

だが、この時期《じき》の京《きょう》では、尊王攘夷《そんのうじょうい》をとなえる急進派《きゅうしんは》の脱藩者《だっぱんしゃ》や浪士《ろうし》らが集《あつ》まり、薩摩《さつま》の藩父《はんぷ》、久光公上洛《ひさみつこうじょうらく》といううわさに、今《いま》こそ、攘夷《じょうい》の時《とき》と盛《も》り上《あ》がっていて、そのなかには、大久保《おおくぼ》や吉之助《きちのすけ》の友人《ゆうじん》らもいることを、吉之助《きちのすけ》は、大久保《おおくぼ》から聞《き》いていた。

彼《かれ》らは、かつて吉之助《きちのすけ》や大久保《おおくぼ》らとともに学《まな》んだ読書会《どくしょかい》の仲間《なかま》でもあった。

だが、久光《ひさみつ》のやろうとしていることは、やみくもな攘夷《じょうい》ではなく、斉彬《なりあきら》の提唱《ていしょう》した公武《こうぶ》合体《がったい》であったので、どちらの事情《じじょう》も知《し》っている大久保《おおくぼ》は、彼《かれ》らの暴発《ぼうはつ》がただ心配《しんぱい》であったのだろう。

一方《いっぽう》、吉之助《きちのすけ》は、無礼討《ぶれいう》ちにされるかもしれないようなことを、久光《ひさみつ》に言《い》ってしまった後《あと》は、もうすることはないとでも言《い》うように、一人温泉《ひとりおんせん》へ向《む》かってしまった。

だが、今《いま》まさに、京《きょう》は動乱《どうらん》に向《む》かおうとしていた。

薩摩《さつま》の藩父《はんぷ》、久光《ひさみつ》が軍《ぐん》を率《ひき》いて京《きょう》へのぼるといううわさは、薩摩藩士《さつまはんし》だけではなく、諸《しょ》藩《はん》の攘夷派《じょういは》、過激派《かげきは》の藩士《はんし》や浪士《ろうし》などが「時至《ときいた》れり！」「幕府打倒《ばくふだとう》！」などと、異常《いじょう》に盛《も》り上《あ》がって、みな、京《きょう》へ向《む》かっていたのだ。

大久保《おおくぼ》は不穏《ふおん》な動《うご》きに気《き》づいて、郷中時代《ごじゅうじだい》から人望《じんぼう》のある吉之助《きちのすけ》こそ、これらの者《もの》たちを抑《おさ》えられると信《しん》じて、久光《ひさみつ》に頼《たの》みこんだ。

「今一度《いまいちど》、西郷《さいごう》に動《うご》いてもらうよう、呼《よ》び寄《よ》せて下《くだ》され」と。

久光《ひさみつ》は、無礼《ぶれい》な吉之助《きちのすけ》を嫌《きら》っていたが、やむなく吉之助《きちのすけ》に命《めい》じた。

「村田新八《むらたしんぱち》とともに、馬関《ばかん》で待《ま》て！」と。

馬関《ばかん》（現在《げんざい》の山口県下関《やまぐちけんしものせき》）で待《ま》っていた村田新八《むらたしんぱち》は、かつての幼《おさな》なじみで、吉之助《きちのすけ》を兄《あに》のように慕《した》っていた子《こ》どもであった。

「新八《しんぱち》どん！」

久々《ひさびさ》に新八《しんぱち》と会《あ》った吉之助《きちのすけ》は、「ほう……！」とうなった。

郷中時代《ごじゅうじだい》にはまだ幼《おさな》く、可愛《かわい》らしい印象《いんしょう》であった新八《しんぱち》は、今《いま》では身長《しんちょう》も六尺《しゃく》ほどもあって、吉之助《きちのすけ》と変《か》わらぬ巨漢《きょかん》に成長《せいちょう》していた。

そのうえに眼光《がんこう》するどく人《ひと》を射《い》るようであるが、一方《いっぽう》で、考《かんが》え深《ぶか》そうに首《くび》をかしげるあたりが、昔《むかし》の幼《おさな》かった新八《しんぱち》を思《おも》い出《だ》させた。

さらにこのとき、吉之助《きちのすけ》は、月照《げっしょう》との入水事件《じゅすいじけん》のおり、必死《ひっし》に吉之助《きちのすけ》を救《すく》ってくれた平《ひら》野国臣《のくにおみ》にも出会《であ》った。

「久《ひさ》しぶりだな、西郷《さいごう》さん。また会《あ》えて良《よ》かった！」

この平野《ひらの》が言《い》った。

「島津久光公《しまづひさみつこう》が討幕《とうばく》の兵《へい》を挙《あ》げるとのうわさが広《ひろ》まって、諸藩《しょはん》の尊攘浪士《そんじょうろうし》が京《きょう》に集《あつ》まっているそうだぞ」

「そうなんだ。そのなかに、我《わ》が藩士《はんし》も集《あつ》まって、この機《き》に、一挙《いっきょ》に兵《へい》を挙《あ》げるつもりらしい！」

図書案内

2018.2

〈アイコンの見方〉

DVDブック　DVD付き書籍

Blu-ray ブック　ブルーレイ付き書籍

CD付き　CD付き書籍

電子書籍　電子書籍もあります

駒草出版

〒110-0016　東京都台東区台東 1-7-1 邦洋秋葉原ビル 2 階
TEL 03-3834-9087／FAX 03-3834-4508
http：//www.komakusa-pub.jp

※表示価格は税別です。これに所定の税がかかります。※書店様にてご注文いただけます。

ロイヤルバレエスクール・ダイアリー　全8巻

アメリカからイギリスへやってきた10歳の女の子、エリー。新しいお友達と、すてきな先生たち。バレリーナになる夢をかなえるため、エリーの挑戦が始まった！

アレクサンドラ・モス 著、竹内佳澄 訳
四六判／各200～240頁
本体　各1000円

❶ エリーのチャレンジ

英国ロイヤルバレエスクールをめざし、アメリカからやってきた少女、エリーの物語、第一弾。

❷ 跳べると信じて

きびしいレッスンに打ち込むエリーに、ロイヤルバレエ団の公演に出演するチャンスが！

❸ パーフェクトな新入生

パリから来た新入生、イザベル。なかなか学校になじもうとしないのには、特別な事情があった。

❹ 夢の翼を広げて

中間休みを終えたエリーたちに試練が。振付コンクールに向けて練習に打ち込む。

❺ ルームメイトのひみつ

ふだんは明るいケイトのようすが最近ヘンな

ノンフィクション

痛いっの素

小川節郎 著／四六判／208頁

痛みの専門医（ペインクリニシャン）が、痛みのメカニズムと対処法を明かす。

本体　1500円

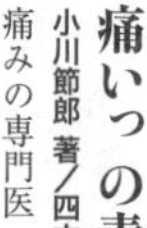

東京湾諸島

加藤庸二 著／A5変判／256頁

物流島、発電基地、海上要塞、ごみ埋立地……膨張する首都を支える島々の〝知られざる内部〟へ。

本体　1800円

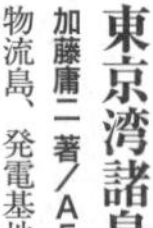

上野アンダーグラウンド

本橋信宏 著／四六判／336頁

横丁、路地裏、色街跡。昭和の怪しさを訪ね歩く。話題作『東京最後の異界 鶯谷』著者の新作！

本体　1500円

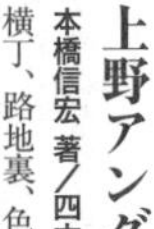

2刷

なぜわたしは町民を埼玉に避難させたのか

井戸川克隆 著、佐藤聡（企画・聞き手）／四六判／396頁

未曾有の原発事故発生時、町民をいち早く県外避難させた前町長のドキュメンタリー。

本体　1850円

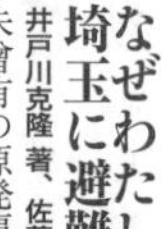

失われた名前

マリーナ・チャップマン 著、宝木多万紀 訳／四六判／312頁

数奇で過酷な運命をへて幸せをつかんだ、ある少女の真実の物語。

本体　1800円

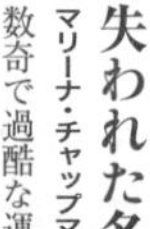

2刷

スマートサイジング　電子書籍

タミー・ストローベル 著、増田沙奈 訳／四六判／216頁

暮らしは小さくても、幸せなほうがいい。

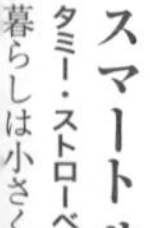

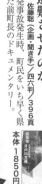

LiLi

矢野り々子 著／A5判／128頁

矢野り々子ちゃん（9歳）が3歳の頃から描きためてきた瑞々しい絵の数々を1冊に！

本体1600円

バランス・ドッグマッサージ・ハンディテキスト もっと！愛犬に近づくための3つのテクニック

松江香史子 著／A5変判／108頁

3種類の重要なマッサージのテクニックをイラスト入りでていねいに解説。

電子書籍

本体1500円

続・歴史鉄道 酔余の町並み

米山淳一 著／A5判／229頁

『歴史鉄道 酔余の町並み』続編。全国各地に残る歴史的町並みを、鉄道でめぐる旅の本。

オールカラー

本体2500円

歴史鉄道 酔余の町並み

米山淳一 著／A5判／236頁

鉄道、町並み、ときどきお酒。笑顔になれる大人旅。

オールカラー

本体2400円

写真集 光り輝く特急「とき」の時代

米山淳一 著・写真／A4判／128頁

特急「とき」の貴重な姿をほかの車両とともに収めた鉄道写真集。

本体3000円

プレミアムテキーラ

マルコ・ドミンゲス 著／四六判／236頁

プレミアムテキーラの魅力が凝縮された日本初の完全ガイド。

オールカラー

本体2500円

コミック

ゆる

粟岳高弘 著／B6判／256頁

どこか懐かしくて新しい傑作SF。鬼才・粟岳高弘の作品集!!

電子書籍

本体925円

ゼリぬ文明の書

タカノ綾 著／A5判／192頁

200年後の未来を舞台に、稀代のアーティストが描くSF巨編！

本体1600円

春機発動期

秋重学 著／B6判／240頁

少女は常に美しく、男は永遠に少年。青春漫画の名手が贈る珠玉の作品集！

本体980円

パラダイスバード・クロニクル

佐藤明機 著／A5判／146頁

SF漫画の鬼才が贈る描き下ろしコミックス。異星に入植した新しい人類たちの物語!!

本体925円

リプライズ

佐藤明機 著／B5判／160頁

これがマンガのセンス・オブ・ワンダー！ファン待望の「超」初期作品集！

本体1200円

楽園通信社綺談 ビブリオテーク・リヴ

佐藤明機 著／B6判／388頁

伝説のSFコミック2作を復刻&合本化！ファンにはたまらないコレクターズアイテム。

2刷

本体1200円

人気! 伊泉 龍一の占いシリーズ

ラーニング・ザ・タロット
ジョアン・バニング 著、伊泉龍一 訳/A5判/396頁
アメリカでベストセラーのタロット入門書を西洋占術研究の第一人者、伊泉龍一が翻訳!
本体 3200円
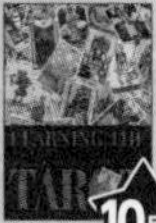

10刷

リーディング・ザ・タロット
伊泉龍一、ジューン澁澤 著/A5判/308頁
22枚のカードの世界が「囚われ」たあなたの自己を「解放」する——
本体 3200円

3刷

数秘術の世界
伊泉龍一、早田みず紀 著/A5判/304頁
数秘術の歴史からメッセージの導き方まで網羅。初心者から熟練者まで楽しめる。
本体 2400円

8刷

数秘術 完全マスターガイド
伊泉龍一、斎木サヤカ 著/A5判/497頁
自分自身の内に秘められた『数』のメッセージをあなたは意識する——
本体 3600円

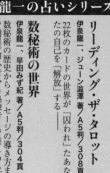

6刷

西洋手相術の世界
伊泉龍一、ジューン澁澤 著/A5判/379頁
『手』に宿された星々の言葉。西洋手相術のルーツを本格的に解明した決定版。
本体 2800円

3刷

魔術師のトート・タロット
新体系本格完全解説
レオン・サリラ 著/A5判/648頁
自己探求と自己変容のためのリーディングを提
本体 5400円

音楽

証言で綴る日本のジャズ
小川隆夫 著/A5判/544頁
InterFM『Jazz Conversation』でのインタビュー中心。日本のジャズ史について27名の貴重な証言集。
本体 5200円

証言で綴る日本のジャズ2
小川隆夫 著/A5判/540頁
「証言で綴る日本のジャズ」待望の続編!日本の戦後ポピュラー音楽史を知るための必読書!
本体 5200円

JAZZ 歴史的名盤
ジャケ裏の真実 ジャズ・ジャイアンツ編
小川隆夫 著/四六判/304頁
ジャズ・ジャイアンツたちの歴史的名盤(16名/70枚)の原版ライナーノーツを徹底解説。
本体 2500円

ヴォーカルはいつも最高だ!
武田流アナログで聴くヴォーカルの愛し方
武田清一 著/A5判/272頁
2007年から2014年まで連載された『ジャズ批評』の人気コラムがついに単行本化。
本体 2500円

ぼくとジムランの酒とバラの日々
菅原正二 著/四六判/352頁
音楽好き、オーディオ好きはもちろん、そうでない人も楽しめる珠玉の「音」エッセイ。
本体 1800円
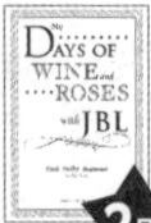

2刷

SOMETHING JAZZY
島田奈央子 著/四六判/228頁
女性ジャズライターが選ぶ、女性のための、

2刷

新刊 & 話題書

最新刊

ルノルマン・カードの世界

的中率の高さで、人気上昇中のカード占い。基礎から実践まで段階的にリーディングが学べる!

伊泉龍一、桜野カレン 著
A5変判・箱入り/194頁

つまずきやすいポイントを適切にリサーチ。丁寧に解説されているので、読み方を迷った場合も対応しやすい。
★歴史や起源についても紹介されており理解が深まる!
★オリジナルカード付きなのですぐに実践できる!
★人物のカードを増やし、より複雑な人間関係もリーディングできるように!

描き下ろしオリジナルカード36+4枚付き!

本体3400円

東京の異界シリーズ第4弾　新刊

新橋アンダーグラウンド

ガード下、闇市跡、花街の名残
昭和香る〝オヤジたちの楽園〟に潜入!

本橋信宏 著/四六判/336頁

「オヤジたちの聖地」ともいえるこの界隈はいかにして生まれ、今に至るのか。昭和の街・新橋に生きる男と女に迫るノンフィクション。ニュー新橋ビル、スタジオジブリ、謎の壁画、新橋系ナポリタン……。新橋には多くの秘密が埋まっている。

本体1500円

新刊

デリヘルドライバー

男たちの欲望と女たちの切ない想い
その隙間を埋めるため、彼らは今日も走る

東良美季 著/四六判/280頁

バイオリン日本一、元女性、ヤクザ、プッシャー、闇金……。さまざまな経歴を持つデリヘルドライバーは、今日も満たされない客の元へ女性を届け続けている。
彼らはどんな人
を経て

タロットカード付き!

天華舞翔 戦国武将タロット

ラクシュミー 著/B6判・箱入り/80頁

歴史に名だたる武将たちがあなたの未来を占う!イラストは人気上昇中の市ヶ谷先生。

本体2200円

マカロンタロットで学ぶタロット占い

加藤マカロン 著、ラクシュミー 監修
A5変判・箱入り/240頁

描き下ろし漫画付きでわかりやすい!簡単なのに本格的なタロット占い入門書。

2刷

本体2750円

音楽

タッピング・ソリューション
―人生を変えた4日間のワークショップ

DVDブック

ニコラス・オートナーほか 著、杉本広道 訳/A5判/64頁

入門レポートに加え、DVDが付いた最強タッピング入門セット。

本体5200円

悩んだら、タッピング

パトリシア・キャリントン 著、杉本広道 訳/四六判/345頁

生きる力を取りもどす、トントンと叩くだけのタッピングテクニックを解説。

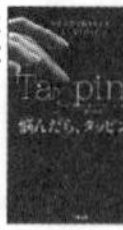

本体1800円

スリー・ブラインド・マイス コンプリート・ディスクガイド

小川隆夫 著/A5判/304+口絵20頁

TBM誕生から終焉までのストーリーを紹介するとともに、全てのオリジナルアルバムを徹底解説。

本体2700円

シナトラ・コンプリート

三具保夫 著/B5判/288頁

フランク・シナトラのオリジナル・アルバムを、シナトラの世界的オーソリティー・三具保夫が徹底解説!

本体5500円

JACO

内山繁 著・写真/A5判/144頁

天才ベース・プレイヤー　ジャコ・パストリアスの素顔に迫る写真集。貴重なオフショットが満載。

本体2000円

文芸

渋谷のすみっこでベジ食堂

小田晶房 著/四六判/288頁

40代、プロ経験なしでベジ食堂を立ち上げた!　渋谷「なぎ食堂」店主の初エッセイ。

本体1300円

菜飯屋春秋

魚住陽子 著/四六判/329頁

離婚を機に自立していく女性を淡々と、そして時に激情する胸の内を、静かに描く。

本体2000円

水の出会う場所

魚住陽子 著/四六判/344頁

流れ去るしかない生命の煌めきと翳りを、水の模様のように描いた物語。

本体1800円

倍賞千恵子 こころのうた

風になって、あなたに会いに行きます

CD付き

倍賞千恵子 著/A5判/48頁

東日本大震災以降の心境について語った初めての書籍。抒情歌の名曲12曲に、朗読を新録。

本体1900円

九十歳のつぶやき

オールカラー

大野英子 著/A5判/192頁

短歌と物語、児童詩教育に人生をささげてきた著者の九十年。

本体1600円

❻いっしょならだいじょうぶ
学年末公演を前に、不安にかられるグレース。エリーはなんとか力になろうとするが……。

❼あたらしい出会い
3年生になったエリーはルークのことが気になって仕方がない。もしかして恋?

❽恋かバレエか
ルーク・ベイリーと付き合い始めたエリー。恋とバレエの狭間で、決断を迫られることに。

いじめを考える100冊の本
いじめを考える100冊の本編集委員会／A5判／232頁

子どもたちが自分の問題として「いじめ」を考えるための107冊を紹介。幼児から高校生向けまで。

本体1500円

問われる子どもの人権
日本弁護士連合会 編／A5判／328頁

実務経験豊富なプロ集団が、子供の権利・人権にかかわる問題点を鋭く指摘。

本体2000円

世界のオリガミマスターズ
アメリカでも進化した1枚の紙によるクリエイティブな世界！
マルシオ・ノグチ 作図、小川未来 訳／A4変判／各184〜192頁

BUGS
「昆虫戦争」は折り紙をここまで変えた！

海外7作家全12作品を徹底解説。丁寧な折り図付！展開図も5作品掲載！

オールカラー

本体2500円

FLOWERS
「世界のオリガミ・マスターズ」シリーズ第2弾！10作家10作品、およびそれらを組み合わせたリースも含め、すべて丁寧な折り図付で徹底解説！

オールカラー

本体2700円

話題書 発売たちまち3万部突破！

「東京DEEP案内」が選ぶ 首都圏 住みたくない街
電子書籍

逢阪まさよし+DEEP案内編集部 著／A5判／504頁

月間100万PVの人気サイト、待望の書籍化!!「東京DEEP案内」が、サイト開設から9年半で培った膨大な情報量を基に、首都圏の「住みたくない街」「住んだら最悪そうな街」を徹底批評。消去法的に見つける「住みたい街」探しの新バイブル!!

本体2200円 6刷

僕が恋した日本茶のこと
青い目の日本茶伝道師、オスカル
ブレケル・オスカル 著／四六判／180頁

テレビや雑誌への露出で話題のスウェーデン人日本茶伝道師の初著書！日本の魅力を再発見。

本体1500円

ミステリーな仏像
本田不二雄 著／A5判／256頁

体内に臓器と骨格をそなえた秘仏、Vサインをする謎の菩薩……驚くべき姿かたちの神仏

オールカラー

本体1500円 3刷

映画

銀座ミーティング
高木久子 著／四六判／276頁

銀座「ベルベ」のオーナーママが秘密に伏されるミーティングを公開。

小栗康平コレクション 全6巻
前田英樹（立教大学教授）による作品解説と小栗康平×前田英樹による対談を収録
小栗康平、前田英樹 著／四六判・スリーブケース入 各64〜68頁

本体❶〜❺各3700円／別巻5500円

❶泥の河
DVDブック

日本映画界が誇る名匠・小栗康平の不朽の名作、初の単品DVD化。

❷伽倻子のために
DVDブック

レンタル化すら一度もされていない、まさに〈幻の名作〉。

❸死の棘
DVDブック

カンヌ国際映画祭グランプリ、国際批評家連盟賞受賞作！ついに初の単品DVD化。

❹眠る男
DVDブック

群馬県人口200万人到達記念映画。オリジナル脚本による名作、初の単品DVD化。

❺埋もれ木
DVDブック

オリジナル脚本による第58回カンヌ国際映画祭特別上映作品。ファンタジー映画の傑作！

別巻 FOUJITA
Blu-rayブック

最新作（2015年公開）をシリーズ［別巻］として発売。

昭和声優列伝
テレビ草創期を声で支えた名優たち
勝田久 著／A5判／336頁

戦後から高度経済成長期にかけて日本の大衆文化を支え続けた人気声優32人の証言集。

本体2200円

可愛い、粟岳ワールド

ぬむもさんとんぽぬくん
粟岳高弘 著／B6判／256頁

ゆるくてかわいい宇宙人「ぬむも」さんと「んぽぬ」くん。SF連作を1冊に！

本体925円 2刷

取水塔
電子書籍

粟岳高弘 著／B6判／336頁

「この町は、なんか変だ。」待望の長編SF単行本化！美少女たちと異星人がコンタクト!?

本体1100円 2刷

鈴木式電磁気的国土拡張機増補版
電子書籍

粟岳高弘 著／B6判／256頁

「昭和的美少女SF」という新世界！描

2刷

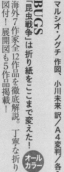

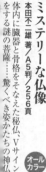

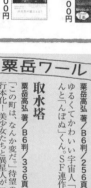

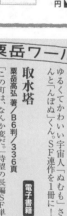

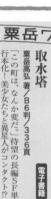

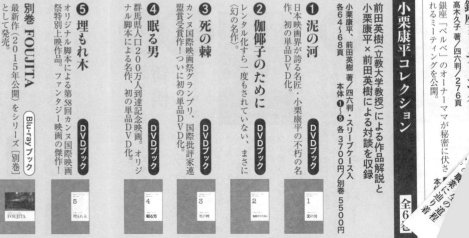

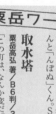

新八《しんぱち》も、眉《まゆ》をひそめて言《い》う。

「なんと、久光公《ひさみつこう》にはまだ討幕《とうばく》のご意志《いし》などない。早《はや》まったことをしてはいかん！」

おどろいた吉之助《きちのすけ》は、若者《わかもの》たちを何《なん》とかとどめたく、久光《ひさみつ》の許《ゆる》しも得《え》ず馬関《ばかん》をたって、京《きょう》へ向《む》かった。


同年《どうねん》三月《がつ》になって、島津久光《しまづひさみつ》は藩士《はんし》千名《めい》の軍《ぐん》を率《ひき》いて、京《きょう》へのぼるため馬関《ばかん》を通過《つうか》した。

だが、そこには、吉之助《きちのすけ》が待《ま》っていなかった。

藩主《はんしゅ》や藩父《はんぷ》の命令《めいれい》は絶対《ぜったい》で、先走《さきばし》るような行動《こうどう》は絶対許《ぜったいゆる》さぬというのが、久光《ひさみつ》の考《かんが》えであったので、このときも、久光《ひさみつ》は激怒《げきど》した。


だが、吉之助《きちのすけ》は、京《きょう》の伏見《ふしみ》にある船宿《ふなやど》、寺田屋《てらだや》にいた。

藩内《はんない》の急進派《きゅうしんは》になってしまった読書仲間《どくしょなかま》を、なんとか説得《せっとく》するためである。

しかし、彼《かれ》らは、吉之助《きちのすけ》の言《い》うことを理解《りかい》しようとしなかった。

「我《われ》らが長《なが》く二才頭《にせがしら》（郷中青年部《ごじゅうせいねんぶ》のリーダー）として仰《あお》いできた西郷《さいごう》どんが、いったい、なぜそんなことを言《い》うのだ⁉　今《いま》こそ、尊王攘夷《そんのうじょうい》の好機《こうき》ではないか！」

九名《めい》もの急進派《きゅうしんは》は口々《くちぐち》に言《い》った。

吉之助《きちのすけ》は言葉《ことば》を尽《つ》くした。

「久光公《ひさみつこう》は決《けっ》して、先走《さきばし》る浪士《ろうし》、藩士《はんし》をお許《ゆる》しならん！　久光公《ひさみつこう》がすすめようとなさっちょる公武合体《こうぶがったい》をぶちこわすようなやり方《かた》はやめんせ！」

そう説得《せっとく》したが、彼《かれ》らはかえって反発《はんぱつ》するだけだった。

「時至《ときいた》る！」として、血気《けっき》にはやる若者《わかもの》たちには、吉之助《きちのすけ》の冷静《れいせい》な言葉《ことば》は届《とど》かなかったのだ。

ついに吉之助《きちのすけ》は肩《かた》を落《お》とし、馬関《ばかん》へ戻《もど》るしかなかった。

だが、摂津《せっつ》の国《くに》あたりで、吉之助《きちのすけ》を追《お》って来《き》た大久保《おおくぼ》に出会《であ》った。

開口一番《かいこういちばん》、大久保《おおくぼ》は言《い》った。

「西郷《さいごう》どん、久光公《ひさみつこう》は、おはんに、たいそう怒《いか》っちょらるっ。なんで、馬関《ばかん》で待《ま》てんかったど。久光公《ひさみつこう》は、おはんを島流《しまなが》しにすっと、おっしゃっちょるぞ！」

大久保《おおくぼ》の言葉《ことば》に、吉之助《きちのすけ》は唖然《あぜん》とした。

久光《ひさみつ》は、吉之助《きちのすけ》が寺田屋《てらだや》へ説得《せっとく》に行《い》ったことを、むしろ、急進派《きゅうしんは》藩士《はんし》らをあおりに行《い》ったと思《おも》いこんでいたのだ。

「それは、違《ちが》う！」

吉之助《きちのすけ》は言《い》ったが、大久保《おおくぼ》は力《ちから》なく首《くび》を横《よこ》に振《ふ》った。

「なんであれ、もはや手遅《ておく》れだ。おはんの帰藩《きはん》を言《い》い出《だ》したおいにも、久光公《ひさみつこう》は怒《いか》っちょらるっ。……もう、いっそ、ここで、二人《ふたり》で刺《さ》し違《ちが》えるか……!?」

大久保《おおくぼ》は、そう言《い》って、腰《こし》の刀《かたな》に手《て》をかけた。

吉之助《きちのすけ》の言葉《ことば》や行動《こうどう》で、おのれもまた久光公《ひさみつこう》の信頼《しんらい》を失《うしな》ってしまったと思《おも》った大久保《おおくぼ》はもはや、藩政《はんせい》にかかわることもできなくなるだろうと感《かん》じていたのだ。

ならば、武士《ぶし》らしく、二人《ふたり》で刺《さ》し違《ちが》えて決着《けっちゃく》をつけようとした。

「待《ま》ちなんせ」と、吉之助《きちのすけ》は、大久保《おおくぼ》を押《お》しとどめた。

「おいが藩政《はんせい》を追《お》われても、おはんは、今《いま》の薩摩藩《さつまはん》には欠《か》かせん人材《じんざい》や。おはんまで失《うしな》えば、薩摩《さつま》を、誰《だれ》が守《まも》っど？」

吉之助《きちのすけ》はそう告《つ》げ、一人《ひとり》、おとなしく久光《ひさみつ》の命《めい》に従《したが》うことにした。

こうして、吉之助《きちのすけ》は村田新八《むらたしんぱち》とともに、島流《しまなが》しの刑《けい》として、薩摩《さつま》へ送《おく》り返《かえ》されてしまった。

新八《しんぱち》は喜界島《きかいじま》へ、吉之助《きちのすけ》は徳之島《とくのしま》への遠島《えんとう》と決《き》まったのだ。

そんななか、寺田屋《てらだや》にいた薩摩藩急進派《さつまはんきゅうしんは》らは、長州藩《ちょうしゅうはん》の急進派《きゅうしんは》とともに彦根城《ひこねじょう》を焼《や》き討《う》ちしようとしていた。

その後《あと》は諸大名《しょだいみょう》を集《あつ》め、天皇自《てんのうみずか》らに兵《へい》を率《ひき》いてもらい、江戸《えど》に攻《せ》めこんで、幕府《ばくふ》に大政奉還《たいせいほうかん》をさせる……などというような、この時期《じき》には無謀《むぼう》すぎることを計画《けいかく》していたのだ。

しかも、アメリカとの通商条約《つうしょうじょうやく》を結《むす》んだ幕府《ばくふ》に協力《きょうりょく》したとして、朝廷《ちょうてい》の関白《かんぱく》と、京都所司代《きょうとしょしだい》まで襲《おそ》って暗殺《あんさつ》しようとしていた。

その決行《けっこう》を四月二十三日《がつにち》と決《き》め、まさに伏見《ふしみ》の寺田屋《てらだや》に集合《しゅうごう》したところだったのだ。

一方《いっぽう》、朝廷《ちょうてい》から、公武合体《こうぶがったい》と幕政改革《ばくせいかいかく》の献策《けんさく》を認《みと》められた久光《ひさみつ》は、過激浪士《かげきろうし》の取《と》り締《し》まりの勅許《ちょっきょ》も受《う》けていた。

久光《ひさみつ》は寺田屋《てらだや》に集《あつ》まった急進派《きゅうしんは》に向《む》かって激高《げきこう》した。

「取《と》り締《し》まって、決行《けっこう》を止《と》めよ！　とどまらずば、上意討《じょういう》ちにせよっ！」

そう命《めい》じられた者《もの》にも、吉之助《きちのすけ》の読書会《どくしょかい》の友《とも》がいて、藩士《はんし》のなかでも剣《けん》の手練《てだ》れの者《もの》たちであった。

取《と》り締《し》まり組《ぐみ》は、寺田屋《てらだや》へ向《む》かったが、そこにいた急進派《きゅうしんは》らは藩命《はんめい》に従《したが》わなかった。じれた取《と》り締《し》まりの者《もの》が、「上意《じょうい》！」と一喝《いっかつ》し、一人《ひとり》の急進派《きゅうしんは》を切《き》り捨《す》てた。せつな、薩摩藩同士《さつまはんどうし》の壮絶《そうぜつ》な殺《ころ》し合《あ》いとなった。

この寺田屋騒動《てらだやそうどう》のかげで、あの笛吹《ふえふ》き男《おとこ》の平野国臣《ひらのくにおみ》までが京《きょう》で捕縛《ほばく》され、獄舎《ごくしゃ》にとらわれてしまった。

吉之助《きちのすけ》から「地《じ》ゴロ」と呼《よ》ばれ、怒《いか》っていた島津久光《しまづひさみつ》だったが、朝廷《ちょうてい》に示《しめ》した献策案《けんさくあん》は受《う》け入《い》れられ、勅許《ちょっきょ》も得《え》て、外様雄藩《とざまゆうはん》の幕政参加《ばくせいさんか》も果《は》たしたのだ。斉彬《なりあきら》の頃《ころ》よりさらに疾風怒涛《しっぷうどとう》の時代《じだい》に入《はい》っていたので献策《けんさく》が通《とお》ったのだが、久光《ひさみつ》はおのれの力《ちから》で献策《けんさく》を通《とお》したと満足《まんぞく》して、大名行列《だいみょうぎょうれつ》は悠々《ゆうゆう》と国《くに》もとへ向《む》かっていた。

だが、その帰途《きと》で、「生麦事件《なまむぎじけん》」が起《お》きた。

武蔵国《むさしこく》の生麦村《なまむぎむら》あたりにおいて、久光《ひさみつ》の大名行列《だいみょうぎょうれつ》を馬《うま》で横切《よこぎ》ろうとしたイギリス人《じん》があり、護衛《ごえい》の藩士《はんし》が「無礼討《ぶれいう》ち」に殺傷《さっしょう》したのだ。この護衛《ごえい》には、吉之助《きちのすけ》の友《とも》、有村俊斎《ありむらしゅんさい》（海江田信義《かいえだのぶよし》）もいて、イギリス人《じん》のとどめを刺《さ》したという。

だが、この生麦事件《なまむぎじけん》の「無礼討《ぶれいう》ち」の法《ほう》など、近代化《きんだいか》された英国《えいこく》に理解《りかい》できるはずもなかった。

責任《せきにん》を問《と》われた幕府《ばくふ》は、薩摩《さつま》のために賠償金《ばいしょうきん》を支払《しはら》ったが、その翌年《よくねん》、英国艦隊《えいこくかんたい》の七隻《せき》が薩摩《さつま》に来襲《らいしゅう》して、薩摩軍《さつまぐん》と戦《たたか》うことになってしまった。

この「薩英戦争《さつえいせんそう》」では、薩摩《さつま》と英国《えいこく》は痛《いた》み分《わ》けの結果《けっか》となったが、列強《れっきょう》と五分《ごぶ》に戦《たたか》えたことこそ、これまで薩摩藩主《さつまはんしゅ》であった島津重豪《しまづしげひで》や斉彬《なりあきら》の近代化政策《きんだいかせいさく》、富国強兵政策《ふこくきょうへいせいさく》の成果《せいか》であったとも言《い》える。

薩摩軍《さつまぐん》は、当時《とうじ》の海外列強国《かいがいれっきょうこく》がおどろくほどに、善戦《ぜんせん》したのだった。

一方《いっぽう》で、吉之助《きちのすけ》は徳之島《とくのしま》への流罪《るざい》が決《き》まってから、湾《わん》の漁港《ぎょこう》に係留《けいりゅう》された船《ふね》に、二か月《げつ》近《ちか》くも閉《と》じこめられたままであった。

そこへ、奄美《あまみ》の愛加那《あいかな》が、菊次郎《きくじろう》と、あの後《あと》生《う》まれた生後《せいご》五か月《げつ》の女《おんな》の子《こ》、菊草《きくそう》（後《のち》の菊子《きくこ》）を連《つ》れて会《あ》いに来《き》た。

吉之助《きちのすけ》は、愛加那《あいかな》と子《こ》どもたちとの再会《さいかい》を、涙《なみだ》を流《なが》して喜《よろこ》んだ。

ところが、その喜《よろこ》びも束《つか》の間《ま》、吉之助《きちのすけ》にはさらに厳《きび》しい命令《めいれい》が下《くだ》った。

徳之島《とくのしま》より厳《きび》しい環境《かんきょう》である沖永良部島《おきのえらぶじま》へ流罪《るざい》の決定《けってい》であった。

しかも、沖永良部島《おきのえらぶじま》では「牢《ろう》に収容《しゅうよう》し、番人《ばんにん》を二名つけること。決《けっ》して外《そと》へ出《だ》さず、厳《きび》しく監視《かんし》せよ」というもので、それが島津久光《しまづひさみつ》の命《めい》であった。

吉之助《きちのすけ》はわざわざ会《あ》いにきてくれた愛加那《あいかな》と子《こ》どもたちとも、ふたたび別《わか》れを告《つ》げるしかなかった。

「愛加那《あいかな》、どうか達者《たっしゃ》でいてくれ」

吉之助《きちのすけ》は、ほっこり豊《ゆた》かな愛加那《あいかな》の身体《からだ》を抱《だ》きよせた。

その愛《いと》しい身体《からだ》からは、あまく濃《こ》い、奄美《あまみ》の香《かお》りがただよった。

「き……吉《きち》さまっ」

愛加那《あいかな》はふるえる唇《くちびる》でつぶやいたが、泣《な》き崩《くず》れることはなかった。

母一人《ははひとり》で、子《こ》を育《そだ》ててきた愛加那《あいかな》は強《つよ》くなったのかもしれない。

「菊次郎《きくじろう》、母上《ははうえ》を頼《たの》むぞ！」

吉之助《きちのすけ》は大《おお》きくなった菊次郎《きくじろう》の頭《あたま》をなで、菊草《きくそう》に頬《ほお》ずりした。

「あじゃ、あじゃぁーっ」

呼《よ》び続《つづ》ける菊次郎《きくじろう》のそばで、愛加那《あいかな》は菊草《きくそう》を抱《だ》いて静《しず》かに微笑《ほほえ》んでいた。

（この子《こ》たちは、私《わたし》に任《まか》せて……！）と、思《おも》っていてくれたのかもしれない。

こうして、吉之助《きちのすけ》は沖永良部島《おきのえらぶじま》へ島流《しまなが》しとなった。

この沙汰《さた》（命令《めいれい》）を決《き》めた久光《ひさみつ》は、このとき、こう記《しる》している。

「死罪《しざい》を申《もう》しつけたきほどの事《こと》に候《そうら》えども、死《し》一等《いっとう》を減《げん》じ、一生返《いっしょうかえ》らざるの流罪《るざい》を決《けっ》し申《もう》し候《そうろう》」と。

久光《ひさみつ》はむしろ、この流罪地《るざいち》で、吉之助《きちのすけ》を死《し》なせるつもりであったのだ。

こうして流《なが》された沖永良部島《おきのえらぶじま》では、吉之助《きちのすけ》は、荒野《こうや》に建《た》った屋根《やね》と格子《こうし》だけの野《の》ざらしの牢獄《ろうごく》に押《お》しこめられた。

その牢《ろう》での恐怖《きょうふ》は、照《て》りつける陽《ひ》の暑《あつ》さや、吹《ふ》き込《こ》む雨風《あめかぜ》だけではなかった。

もっとも恐《おそ》ろしいのは蚊《か》の大群《たいぐん》であった。

これらの蚊《か》は寄生虫《きせいちゅう》を持《も》っており、吉之助《きちのすけ》はこのときに、生涯《しょうがい》の病《やまい》ともなる「フィラリア症《しょう》」にかかってしまった。

さらに食事《しょくじ》も飯《めし》に塩《しお》をかけただけの盛《も》り切《き》りで、運動《うんどう》もできない狭《せま》い牢《ろう》の中《なか》で、吉之助《きちのすけ》はみるみるやせ衰《おとろ》えていった。

だが、それでも、本《ほん》を読《よ》むことだけはやめなかった。

そうこうするうち、この離《はな》れ小島《こじま》にも、吉之助《きちのすけ》を気《き》にかけてくれる人物《じんぶつ》がいた。

その人物《じんぶつ》が藩《はん》に願《ねが》いを出《だ》し、野《の》ざらしの牢《ろう》を屋内《おくない》の座敷牢《ざしきろう》に変《か》えてくれた。

これでもう、暑《あつ》さや雨風《あめかぜ》、蚊《か》も恐《おそ》れることはない。

その座敷牢《ざしきろう》で、吉之助《きちのすけ》は島《しま》の子《こ》どもに書《しょ》や礼《れい》を教《おし》えたりしつつ、読書《どくしょ》にふけった。

一方《いっぽう》、こうした吉之助《きちのすけ》の流罪《るざい》の日々《ひび》にも、京《きょう》の動乱《どうらん》は怒涛《どとう》の激《はげ》しさを増《ま》していた。

この頃《ころ》、京《きょう》では、会津藩主《あいづはんしゅ》、松平容保《まつだいらかたもり》が京都守護職《きょうとしゅごしょく》となり、桑名藩主《くわなはんしゅ》、松平定敬《まつだいらさだあき》が京都《きょうと》所司代《しょしだい》となって、京《きょう》の治安維持《ちあんいじ》につとめていたが、尊王攘夷《そんのうじょうい》の荒波《あらなみ》はとどまることがなかった。

薩摩藩内外《さつまはんないがい》の尊王攘夷派《そんのうじょういは》らは、寺田屋騒動《てらだやそうどう》で、多《おお》くの志士《しし》を死《し》に追《お》いやり、いまだ公武《こうぶ》合体《がったい》にこだわっている島津久光《しまづひさみつ》に対《たい》して、明《あき》らかに不満《ふまん》を持《も》つ者《もの》も多《おお》くなっていた。

文久三年《ぶんきゅうねん》（一八六三年《ねん》）には、時代《じだい》を先導《せんどう》したとも言《い》える長州藩《ちょうしゅうはん》が、京《きょう》の朝廷《ちょうてい》を牛耳《ぎゅうじ》って、ちまたでは「天誅《てんちゅう》」と呼《よ》ばれる暗殺事件《あんさつじけん》が頻発《ひんぱつ》していた。

そして、長州藩《ちょうしゅうはん》が画策《かくさく》した大和行幸《やまとぎょうこう》の勅命《ちょくめい》が下《くだ》ったので、長州藩過激派《ちょうしゅうはんかげきは》らは、ひそかに天皇《てんのう》を立《た》てて、討幕《とうばく》を決行《けっこう》しようとしていた。

長州藩《ちょうしゅうはん》の独走《どくそう》とも言《い》える危険《きけん》な動《うご》きに気《き》づいた会津藩《あいづはん》と、公武合体《こうぶがったい》を目指《めざ》す薩摩藩《さつまはん》は、合議《ごうぎ》して朝廷《ちょうてい》や孝明天皇《こうめいてんのう》に、長州《ちょうしゅう》のたくらみを知《し》らせた。

このとき、京都守護職《きょうとしゅごしょく》となっていた松平容保《まつだいらかたもり》を、深《ふか》く信頼《しんらい》する孝明天皇《こうめいてんのう》は決断《けつだん》した。会津《あいづ》と薩摩《さつま》の連合軍《れんごうぐん》に御所《ごしょ》を守《まも》らせ、長州藩《ちょうしゅうはん》の御所警備《ごしょけいび》の任務《にんむ》をといたのだ。

これが、「八月十八日《がつにち》の政変《せいへん》」であった。八月十八日《がつにち》、会津藩《あいづはん》と薩摩藩《さつまはん》が手《て》を結《むす》び、過激《かげき》な討幕《とうばく》を目指《めざ》す長州藩《ちょうしゅうはん》を、京《きょう》から追放《ついほう》した。

こんな動乱《どうらん》の最中《さなか》、寺田屋騒動《てらだやそうどう》を生《い》き残《のこ》った吉之助《きちのすけ》の読書会《どくしょかい》の友人《ゆうじん》たちは、なんとか、西郷吉之助《さいごうきちのすけ》を流罪地《るざいち》から取《と》り戻《もど》したいと願《ねが》うようになっていた。

久光《ひさみつ》は、それについては、最後《さいご》まで嫌《いや》がっていた。

だが「天下《てんか》の人望《じんぼう》が、日々《ひび》、西郷《さいごう》に集《あつ》まり、大《おお》きく重《おも》くなっていく」という藩内《はんない》の声《こえ》を、無視《むし》できず、「ならば、藩主《はんしゅ》の忠義公《ただよしこう》にご決断《けつだん》いただこう」と答《こた》えた。

久光《ひさみつ》の息子《むすこ》であり、薩摩藩主《さつまはんしゅ》の島津忠義《しまづただよし》はここで迷《まよ》わず、吉之助《きちのすけ》の再召喚《さいしょうかん》を決定《けってい》したのだった。

七、討幕《とうばく》の密勅《みっちょく》

元治元年《げんじがんねん》（一八六四年《ねん》）二月《がつ》。

赦免《しゃめん》された吉之助《きちのすけ》は、薩摩《さつま》への帰路《きろ》に、喜界島《きかいじま》へ寄《よ》った。ともに遠島《えんとう》になった村田新八《むらたしんぱち》を訪《たず》ねるためだ。

「新八《しんぱち》どん！　おいはご赦免《しゃめん》になった。ともに帰《かえ》ろう！」

そう言《い》うと、新八《しんぱち》は子《こ》どもに返《かえ》ったように目《め》を輝《かがや》かせた。そして、まるきり疑《うたが》いもせず、吉之助《きちのすけ》と同《おな》じ船《ふね》に乗《の》ったのだ。

こうして薩摩《さつま》へ連《つ》れ帰《かえ》った新八《しんぱち》とともに、吉之助《きちのすけ》はまず亡《な》き斉彬《なりあきら》の墓《はか》に詣《もう》でた。

その後《ご》、久光《ひさみつ》に対面《たいめん》した。

久光《ひさみつ》は変《か》わらず、いまだ吉之助《きちのすけ》が苦手《にがて》そうであったが、ともかく「禁裏御守衛一筋《きんりごしゅえいひとすじ》」

という任務《にんむ》を与《あた》え、吉之助《きちのすけ》を京《きょう》へ送《おく》り出《だ》した。

「禁裏御守衛一筋《きんりごしゅえいひとすじ》」とは、禁裏《きんり》（御所《ごしょ》、皇居《こうきょ》）のみを一筋《ひとすじ》に守護《しゅご》申《もう》し上《あ》げるという任務《にんむ》であった。

その京《きょう》にのぼって後《のち》、吉之助《きちのすけ》は「軍賦役兼諸藩応接係《いくさくばりやくけんしょはんおうせつがかり》」も命《めい》じられ、薩摩《さつま》の密貿易《みつぼうえき》への諸藩《しょはん》の反発《はんぱつ》を和《やわ》らげる努力《どりょく》をしつつ、一方《いっぽう》で、「八月《がつ》十八日《にち》の政変《せいへん》」において、いったん手《て》を組《く》んだ会津藩《あいづはん》との同盟《どうめい》を解消《かいしょう》した。

なぜなら、この年《とし》の六月《がつ》に、京都守護職《きょうとしゅごしょく》、会津藩預《あいづはんあず》かり新選組《しんせんぐみ》による「池田屋事件《いけだやじけん》」が起《お》こっていたからである。

この池田屋事件《いけだやじけん》によって、長州藩士《ちょうしゅうはんし》や浪士《ろうし》の多《おお》くが殺傷《さっしょう》、捕縛《ほばく》されたとして、過激派《かげきは》の多《おお》い長州藩《ちょうしゅうはん》が激高《げきこう》、軍兵《ぐんぴょう》三千を率《ひき》いて京《きょう》へ向《む》かっていたのだ。

このとき、京都守護職《きょうとしゅごしょく》の会津藩《あいづはん》は、薩摩藩《さつまはん》へ援軍《えんぐん》を要請《ようせい》してきたが、吉之助《きちのすけ》の任務《にんむ》は「禁裏御守衛一筋《きんりごしゅえいひとすじ》」であったので、「池田屋事件《いけだやじけん》は、新選組《しんせんぐみ》と長州《ちょうしゅう》の私闘《しとう》である」という立《たち》場《ば》を守《まも》って、それをしりぞけた。

同年《どうねん》七月《がつ》、長州藩兵《ちょうしゅうはんぺい》三千が御所《ごしょ》を目指《めざ》して進軍《しんぐん》、蛤御門《はまぐりごもん》へ発砲《はっぽう》して攻《せ》め込《こ》んできた。

それを守《まも》るのは会津藩士《あいづはんし》と新選組《しんせんぐみ》であったが、孝明天皇《こうめいてんのう》から勅命《ちょくめい》が下《くだ》されるや、その場《ば》へ、薩摩藩兵《さつまはんぺい》を率《ひき》いた吉之助《きちのすけ》が駆《か》けつけた。

御所《ごしょ》に向《む》かって発砲《はっぽう》した長州兵《ちょうしゅうへい》は、明《あき》らかに「禁裏御守衛一筋《きんりごしゅえいひとすじ》」の吉之助《きちのすけ》の敵《てき》であったからだ。

吉之助《きちのすけ》は薩摩藩兵《さつまはんぺい》を指揮《しき》して、会津《あいづ》、新選組《しんせんぐみ》とともに、長州藩兵《ちょうしゅうはんぺい》を追《お》い払《はら》った。

これを「禁門《きんもん》の変《へん》」または「蛤御門《はまぐりごもん》の変《へん》」という。

このとき、吉之助《きちのすけ》とともに薩摩藩兵《さつまはんぺい》を率《ひき》いたのは、薩摩藩家老《さつまはんかろう》の若《わか》き小松帯刀《こまつたてわき》であった。

この禁門《きんもん》の変《へん》において、火災《かさい》（どんどん焼《や》け）が起《お》こって、京市中《きょうしちゅう》が延焼《えんしょう》した。

罪《つみ》もない京《きょう》の住民《じゅうみん》が家《いえ》を焼《や》かれ、衣食住《いしょくじゅう》に困《こま》って、これが京《きょう》の都《みやこ》とは思《おも》えぬほど、浮浪《ふろう》する人々《ひとびと》が増《ふ》えた。

「こりゃあ、むごいことじゃ」

吉之助《きちのすけ》が胸《むね》を痛《いた》めていると、一見《いっけん》、藩《はん》の若侍《わかざむらい》にしか見《み》えない小松帯刀《こまつたてわき》が、「そうじゃ！」と、手《て》を打《う》った。

「追《お》い払《はら》った長州藩《ちょうしゅうはん》から奪《うば》った兵糧米《ひょうろうまい》がある。あれを、戦災《せんさい》で苦《くる》しむ京《きょう》の町衆《まちしゅう》に配《くば》ろう！」

薩摩藩重臣《さつまはんじゅうしん》の家柄《いえがら》に生《う》まれた小松帯刀《こまつたてわき》は、爽《さわ》やかすぎるぐらい決断《けつだん》が早《はや》かった。

このときから、帯刀《たてわき》と吉之助《きちのすけ》は、ともに助《たす》け合《あ》い、支《ささ》え合《あ》うようにもなる。

この元治元年《げんじがんねん》（一八六四年《ねん》）七月《がつ》の「禁門の変《きんもんのへん》」において、京都所司代獄舎《きょうとしょしだいごくしゃ》に火災《かさい》がおよんだため、囚人《しゅうじん》の脱走《だっそう》を恐《おそ》れた京都所司代《きょうとしょしだい》は、急《きゅう》きょ、囚人《しゅうじん》らを処刑《しょけい》した。

その知《し》らせに、吉之助《きちのすけ》はしばし呆然《ぼうぜん》とした。

京都所司代《きょうとしょしだい》にとらわれていた平野国臣《ひらのくにおみ》が他《ほか》の囚人《しゅうじん》らとともに斬首《ざんしゅ》となったというのだ。

吉之助《きちのすけ》は、陽気《ようき》な笛《ふえ》吹き男《おとこ》、平野国臣《ひらのくにおみ》を思《おも》った。

月照《げっしょう》と入水《じゅすい》したあのとき、必死《ひっし》に救《すく》い出《だ》してくれた平野国臣《ひらのくにおみ》もまたこの動乱《どうらん》の犠牲《ぎせい》となったのだ。このとき、三十七歳《さい》であったという。

「月照《げっしょう》どん、平野《ひらの》がそっちへ行《い》った。どうか、迎《むか》えてやってくれい……」

吉之助《きちのすけ》は、一人《ひとり》、合掌《がっしょう》するしかなかった。

この後《のち》、孝明天皇《こうめいてんのう》は、御所《ごしょ》に向《む》けて発砲《はっぽう》した長州藩《ちょうしゅうはん》を「朝敵《ちょうてき》」として、幕府《ばくふ》に長州征伐《ちょうしゅうせいばつ》を命《めい》じた。

だが、その後《ご》八月《がつ》に、長州藩《ちょうしゅうはん》は、英米仏蘭《えいべいふつらん》（イギリス、アメリカ、フランス、オランダ）四国艦隊《しこくかんたい》による馬関砲撃《ばかんほうげき》を受《う》けたのだ。

これを「馬関戦争《ばかんせんそう》」と呼《よ》ぶが、これは、長州藩《ちょうしゅうはん》が、日本海《にほんかい》と瀬戸内海《せとないかい》を結《むす》ぶ馬関海峡《ばかんかいきょう》（現在《げんざい》の下関海峡《しものせきかいきょう》）に砲台《ほうだい》をそなえ、海峡封鎖《かいきょうふうさ》して、英国商船《えいこくしょうせん》を砲撃《ほうげき》したことへの列強《れっきょう》の報復《ほうふく》であった。

これらの戦《たたか》いにおいて長州藩《ちょうしゅうはん》は完敗《かんぱい》した。

それを見《み》て、吉之助《きちのすけ》は、これ以上《いじょう》は国内《こくない》での無用《むよう》な戦《たたか》いを避《さ》けるべきとして、「蛤御門《はまぐりごもん》の変《へん》の長州藩《ちょうしゅうはん》、首謀者《しゅぼうしゃ》の処罰《しょばつ》」などの降伏条件《こうふくじょうけん》を長州藩《ちょうしゅうはん》に示《しめ》し、これを長州《ちょうしゅう》が承知《しょうち》したことで、第一次長州征伐《だいいちじちょうしゅうせいばつ》は、大《おお》きな戦《たたか》いにはならずに済《す》んだ。

同年《どうねん》八月《がつ》であった。

吉之助《きちのすけ》は、土佐《とさ》藩浪士《はんろうし》であった坂本龍馬《さかもとりょうま》に会《あ》った。

龍馬《りょうま》は、自由気《じゆうき》ままな総髪《そうはつ》をなびかせ、いきなり「西郷《さいごう》さん、頼《たの》みがある」と言《い》ってきたのだ。

龍馬《りょうま》は、亡《な》くなった平野国臣《ひらのくにおみ》に似《に》て、吹《ふ》き渡《わた》る風《かぜ》のような男《おとこ》であったので、吉之助《きちのすけ》は、逝《い》ってしまった平野《ひらの》がかえってきたようで、龍馬《りょうま》をなつかしく見《み》た。

隠《かく》しごともなく、龍馬《りょうま》は吉之助《きちのすけ》に語《かた》った。

「わしは、幕府軍艦奉行《ばくふぐんかんぶぎょう》であった勝海舟先生《かつかいしゅうせんせい》に師事《しじ》しておったけんど、京《きょう》の池田屋事件《いけだやじけん》に、海舟先生《かいしゅうせんせい》の門下生《もんかせい》がかかわっておったもんで、先生《せんせい》は軍艦奉行《ぐんかんぶぎょう》を罷免《ひめん》され、神戸海軍操練所《こうべかいぐんそうれんじょ》も廃止《はいし》されてしもうた。もう、どうにもならんきに、助《たす》けてくれんか？」

池田屋事件《いけだやじけん》は、長州《ちょうしゅう》など攘夷派浪士《じょういはろうし》が、御所《ごしょ》に火《ひ》を放《はな》ち、一橋慶喜《ひとつばしよしのぶ》・松平容保《まつだいらかたもり》らを暗殺《あんさつ》し、孝明天皇《こうめいてんのう》を長州《ちょうしゅう》へ連《つ》れ去《さ》ろうとしたクーデターを、新選組《しんせんぐみ》が未然《みぜん》に防《ふせ》いだものであった。

そのクーデターの中心《ちゅうしん》に、海舟《かいしゅう》の門下生《もんかせい》がかかわっていて、海舟《かいしゅう》も海軍操練所《かいぐんそうれんじょ》も、その責任《せきにん》を取《と》らされたというのだ。

「よか。龍馬《りょうま》どん。薩摩《さつま》には軍艦《ぐんかん》はあるが、操練者《そうれんしゃ》が足《た》りん。おはんが習《なら》った操練《そうれん》を、我《わ》が藩士《はんし》にも指導《しどう》してやっちくれ」

吉之助《きちのすけ》は龍馬《りょうま》をこころよく薩摩藩《さつまはん》にかくまうことにした。

このとき、吉之助《きちのすけ》とともに、龍馬《りょうま》をかくまってくれたのは、薩摩藩家老《さつまはんかろう》の小松帯刀《こまつたてわき》であった。

その後《ご》、小松帯刀《こまつたてわき》と吉之助《きちのすけ》は、長崎《ながさき》において、龍馬《りょうま》らが、貿易会社《ぼうえきがいしゃ》である「亀山社中《かめやましゃちゅう》」（後《のち》の海援隊《かいえんたい》）を結成《けっせい》する手助《てだす》けもした。

さらに同《おな》じ頃《ころ》、吉之助《きちのすけ》は、その勝海舟《かつかいしゅう》に会見《かいけん》する機会《きかい》を得《え》た。

幕府《ばくふ》きっての才人《さいじん》だという幕臣《ばくしん》、勝海舟《かつかいしゅう》もまた、隠《かく》しごとのない、洋々《ようよう》とした海《うみ》のような男《おとこ》であった。

「あんたのことは、坂本龍馬《さかもとりょうま》からも聞《き》いていた。会《あ》いたかったよ」

海舟《かいしゅう》は、にこやかに言《い》った。

勝海舟《かつかいしゅう》は、もともと禄《ろく》が少《すく》ない旗本《はたもと》だったが、すぐれた「海防意見書《かいぼういけんしょ》」を提出《ていしゅつ》したことから認《みと》められ、海軍奉行《かいぐんぶぎょう》や陸軍総裁《りくぐんそうさい》などを経《へ》て、この後《のち》には、幕府側《ばくふがわ》の交渉権一切《こうしょうけんいっさい》を任《まか》されるようになった人物《じんぶつ》だった。

「龍馬《りょうま》も面白《おもしれ》え奴《やつ》だが、あんたも面白《おもしれ》え。藩《はん》だ、幕府《ばくふ》だ、尊王攘夷《そんのうじょうい》だのと空騒《からさわ》ぎの世《よ》の中《なか》だが、おいらぁ、こういう時代《じだい》をひょいとまたいで生《い》きてる奴《やつ》が好《す》きでねぇ、どうやら、あんたも、その手《て》の人間《にんげん》らしい」

そう笑《わら》って、海舟《かいしゅう》はさらに言《い》った。

「今《いま》、海《うみ》の向《む》こうをにらんでみりゃあ、幕府《ばくふ》がこのまま国《くに》を治《おさ》めていくのは無理《むり》がある。外様《とざま》を含《ふく》む諸藩《しょはん》と力《ちから》を合《あ》わせなけりゃあ、このままでは列強《れっきょう》の植民地《しょくみんち》にされちまった清国《しんこく》みてぇになっちまうだろうよ。もはやこの国《くに》も、海《うみ》の向《む》こうの列強《れっきょう》のような、議会政治《ぎかいせいじ》でなければならん」とも言《い》った。

そして、「あんたにゃあ、この国《くに》のそんな道《みち》を開《ひら》いてほしいねぇ」と、快活《かいかつ》に笑《わら》った。

この会談《かいだん》の後《あと》、吉之助《きちのすけ》は、幼《おさな》なじみ大久保《おおくぼ》へ手紙《てがみ》を書《か》いた。

勝海舟氏《かつかいしゅうし》に初《はじ》めて会《あ》ってみれば、実《じつ》におどろくような人物《じんぶつ》であった。会《あ》う前《まえ》には、論破《ろんぱ》すべき相手《あいて》と思《おも》っていたが、会《あ》ってみて、心《こころ》から頭《あたま》の下《さ》がる思《おも》いがいたした。勝氏《かっし》の知略《ちりゃく》は、はかりしれぬ！

だが、幕府内《ばくふない》では、第一次長州征伐《だいいちじちょうしゅうせいばつ》の決着《けっちゃく》はついていないとして、さらに出兵《しゅっぺい》して、長州《ちょうしゅう》を打《う》ち倒《たお》すべきという声《こえ》が上《あ》がってきていた。

薩摩藩《さつまはん》は、列強《れっきょう》の脅威《きょうい》が迫《せま》っている今《いま》、国内《こくない》の戦闘《せんとう》には反対《はんたい》であったが、そのことが、幕府内《ばくふない》では、薩摩藩《さつまはん》への疑《うたが》いにもつながりつつあった。

そのなか、龍馬《りょうま》の亀山社中《かめやましゃちゅう》は、薩摩藩《さつまはん》の庇護《ひご》によって、海外《かいがい》との貿易《ぼうえき》で利益《りえき》を上《あ》げて、龍馬《りょうま》は、長州《ちょうしゅう》の人望《じんぼう》を集《あつ》める桂小五郎《かつらこごろう》（後《のち》の木戸孝允《きどたかよし》）に会《あ》ったりしていた。勝海舟《かつかいしゅう》の言《い》った通《とお》り、龍馬《りょうま》こそ、時代《じだい》をひょいと飛《と》び越《こ》え、自由《じゆう》に生《い》きる侍《さむらい》の一人《ひとり》であったのだ。

この時期《じき》、幕府《ばくふ》は、長州藩《ちょうしゅうはん》に対《たい》して海外国《かいがいこく》との武器弾薬《ぶきだんやく》の取《と》り引《ひ》きを禁止《きんし》していた。このため、長州藩《ちょうしゅうはん》は近代兵器《きんだいへいき》の導入《どうにゅう》が難《むずか》しくなり、一方《いっぽう》、薩摩藩《さつまはん》は米《こめ》の不足《ふそく》に困《こま》っていた。

そこに目《め》をつけたのが龍馬《りょうま》で、薩摩藩名義《さつまはんめいぎ》で武器《ぶき》を調達《ちょうたつ》し、長州《ちょうしゅう》に転売《てんばい》して、その一方《いっぽう》で、長州《ちょうしゅう》の米《こめ》を薩摩《さつま》へ回送《かいそう》する提案《ていあん》をした。

やがて、龍馬《りょうま》によって、長州藩《ちょうしゅうはん》の木戸孝允《きどたかよし》と西郷吉之助《さいごうきちのすけ》の会談《かいだん》が実現《じつげん》するのは慶応《けいおう》二年《ねん》（一八六六年《ねん》）一月《がつ》であった。

かつて、桂小五郎《かつらこごろう》と呼《よ》ばれた木戸《きど》は、この前年《ぜんねん》に、長州藩主《ちょうしゅうはんしゅ》から木戸姓《きどせい》をたまわったので、木戸《きど》と名乗《なの》っていた。

それは、幕府《ばくふ》から狙《ねら》われていた長州藩士《ちょうしゅうはんし》を守《まも》るための改姓《かいせい》であったらしい。

この木戸《きど》との会見《かいけん》の約束《やくそく》の日《ひ》に、吉之助《きちのすけ》に他用《たよう》ができて、一度《いちど》すっぽかしたことがあった。

木戸《きど》はそれを根《ね》に持《も》っていたが、この二人《ふたり》をふたたび会《あ》わせたのが坂本龍馬《さかもとりょうま》であった。

その会談《かいだん》の場《ば》となったのは、薩摩藩家老《さつまはんかろう》、小松帯刀《こまつたてわき》の京《きょう》の別邸《べってい》であった。

ところが、一度《いちど》は約束《やくそく》をすっぽかされた木戸《きど》は、強情《ごうじょう》に自分《じぶん》から話《はなし》を切《き》り出《だ》そうとはせず、吉之助《きちのすけ》も相手《あいて》の出方《でかた》をさぐりあぐねて、どうにも、話《はな》し合《あ》いはすすまなかった。

そこへ駆《か》け込《こ》んできたのが、龍馬《りょうま》であった。

「木戸《きど》さん、わしが長州《ちょうしゅう》へ武器《ぶき》を送《おく》るのを見逃《みのが》してくれたんも、小松帯刀《こまつたてわき》さんと、この西郷《さいごう》さんじゃきに」

龍馬《りょうま》は言《い》ったが、この日《ひ》の木戸《きど》はしかめつらであった。

「ならば、西郷《さいごう》さんにお聞《き》きしたい」と、木戸《きど》は言《い》った。

「ほう、何《なん》じゃの？」

吉之助《きちのすけ》は木戸《きど》を観察《かんさつ》しながら言《い》った。

（しかめつらをしておるが、なかなかすばしっこそうな坊《ぼう》さぁやのう……）などと思《おも》っていたのだ。

このとき、木戸《きど》は三十四歳《さい》。坊《ぼう》やというほど若《わか》くはなかったが、こぢんまりと整《ととの》った目《め》鼻立《はなだ》ちの木戸《きど》は、吉之助《きちのすけ》からは、すばしっこそうな坊《ぼっ》ちゃんに見《み》えたのだ。

実際《じっさい》、木戸《きど》は、剣術《けんじゅつ》の腕《うで》も立《た》ったが、むしろ京洛《きょうらく》では、「逃《に》げの小五郎《こごろう》」と呼《よ》ばれたほど、神出鬼没《しんしゅつきぼつ》の志士《しし》でもあった。

その木戸《きど》が吉之助《きちのすけ》をにらみつけて言《い》った。

「薩摩藩《さつまはん》は会津藩《あいづはん》と手《て》を組《く》んで、一度《ど》は、我《われ》ら長州藩《ちょうしゅうはん》の討幕《とうばく》の動《うご》きを封《ふう》じたではないか。その薩摩《さつま》が、我《われ》らの味方《みかた》とは、わたしはまだ信《しん》じられん!」

龍馬《りょうま》が困《こま》って、「木戸《きど》さん、それは……」と言《い》いかけたとき、吉之助《きちのすけ》が大笑《たいしょう》した。

「はっはは、まさか、木戸《きど》どん。我《わ》が薩摩藩《さつまはん》が、討幕一本槍《とうばくいっぽんやり》の長州藩《ちょうしゅうはん》と同《おな》じであれば、あの戦《たたか》いに勝《か》てたとでもおっしゃるんか?」と。

木戸《きど》は、ますますしかめつらになった。

「では、聞《き》くが、尊王《そんのう》を叫《さけ》ぶ長州藩《ちょうしゅうはん》が、御所《ごしょ》に向《む》けて発砲《はっぽう》されたんは、どげんわけか?天子《てんし》を奪《うば》うて、おはんらだけが官軍《かんぐん》になるつもりであったんなら、そりゃ先走《さきばし》りちゅうもんじゃ。こん国《くに》が一つとなってこそ、我《われ》らは海《うみ》の向《む》こうの列強《れっきょう》に負《ま》けん国《くに》となるっど。もし、こん国《くに》が一つになっことをさえぎるならば、幕府《ばくふ》であれ、長州《ちょうしゅう》であれ、我《われ》らは戦《たたか》うしかなかど。それが斉彬《なりあきら》さま以来《いらい》の薩摩藩《さつまはん》の考《かんが》えでごわす」

吉之助《きちのすけ》は正直《しょうじき》に語《かた》った。

「そうじゃ、木戸《きど》さん。過《す》ぎたことはもうええやないか。こっから、わしらがやらねばならんことは、この国《くに》をまとめて洗濯《せんたく》することじゃ。国《くに》と国《くに》で食《く》い合《あ》いなんぞしておる場合《ばあい》やないき」

龍馬《りょうま》も言《い》う。

「ならば、坂本《さかもと》さん、あんたが証人《しょうにん》になってくれるのか？」

木戸《きど》が龍馬《りょうま》を見《み》る。

「おお、引《ひ》き受《う》けたっちゃ！　わしもこの国《くに》を一つにしたいんじゃ。幕府《ばくふ》も朝廷《ちょうてい》も諸藩《しょはん》も、みんなで力《ちから》を合《あ》わせにゃならん。それが、わしの夢《ゆめ》やき！」

明《あか》るい龍馬《りょうま》と、にこやかな西郷《さいごう》に、木戸《きど》はようやく笑顔《えがお》を取《と》り戻《もど》して、長州《ちょうしゅう》の条件《じょうけん》を話《はな》し出《だ》した。

「では、西郷《さいごう》さん、一会桑《いちかいそう》と長州《ちょうしゅう》が戦《たたか》いとなったおりには、薩摩《さつま》は長州《ちょうしゅう》に協力《きょうりょく》してくださるか？」

一会桑《いちかいそう》とは、将軍後見《しょうぐんこうけん》の一橋家《ひとつばしけ》、京都守護職《きょうとしゅごしょく》の会津藩《あいづはん》、京都所司代《きょうとしょしだい》の桑名藩《くわなはん》のことである。

木戸《きど》はまっすぐに吉之助《きちのすけ》を見《み》た。

「ようごわす。朝廷《ちょうてい》における長州藩《ちょうしゅうはん》の罪《つみ》が許《ゆる》されるよう、薩摩藩《さつまはん》が力《ちから》を貸《か》そう」

吉之助《きちのすけ》は答《こた》えた。

「……その代《か》わり、長州《ちょうしゅう》が許《ゆる》された後《のち》には、長州藩《ちょうしゅうはん》も、国家《こっか》の改革《かいかく》、天皇《てんのう》の威光回復《いこうかいふく》のため、尽力《じんりょく》してもらわなならん」

吉之助《きちのすけ》が出《だ》した条件《じょうけん》に、木戸《きど》もうなずいた。

「こりゃあ、えいぞ。長州《ちょうしゅう》と薩摩《さつま》が手《て》を握《にぎ》れば、こわいもんはないきに」

龍馬《りょうま》が手《て》を打《う》った。

これによって、水《みず》と油《あぶら》か、火《ひ》と油《あぶら》か、反発《はんぱつ》し合《あ》いつつ、やがて燃《も》えさかる討幕《とうばく》の炎《ほのお》となる両藩《りょうはん》は、ひそかなつながりを持《も》つことになった。

さまざまな行《い》き違《ちが》いを乗《の》り越《こ》え、薩長同盟《さっちょうどうめい》なるものが結《むす》ばれたのだが、この薩長同盟《さっちょうどうめい》は討幕《とうばく》の同盟《どうめい》というより、国家《こっか》の改革《かいかく》、天皇《てんのう》を中心《ちゅうしん》とした国政《こくせい》を実現《じつげん》するため、ともに力《ちから》を合《あ》わせようという密約《みつやく》であった。

後《のち》に、木戸《きど》が書《か》き出《だ》したこの密約《みつやく》に、龍馬《りょうま》は朱墨《しゅずみ》で裏書《うらがき》をして、薩長同盟《さっちょうどうめい》の証人《しょうにん》となった。

吉之助《きちのすけ》も鷹揚《おうよう》にうなずき、この密約同盟《みつやくどうめい》が、その後《のち》の日本《にほん》を動《うご》かす大《おお》きな力《ちから》になったのだった。

だが、この密約同盟《みつやくどうめい》がなって三日後《かご》、京《きょう》の薩摩藩邸《さつまはんてい》にいた吉之助《きちのすけ》のもとに、「坂本龍馬《さかもとりょうま》が幕吏《ばくり》に襲《おそ》われた」という知《し》らせが入《はい》った。

「なにっ！」

吉之助《きちのすけ》はすばやくピストルに弾《たま》をこめ、龍馬《りょうま》を救《すく》いに行《い》こうとした。

すると、龍馬《りょうま》とともにいた寺田屋《てらだや》のお龍《りょう》が駆《か》けこんできたのだ。

「西郷《さいごう》はん！　幕吏《ばくり》が来《き》たときに、うちはお風呂《ふろ》に入《はい》ってたんで、袷《あわせ》一枚《まい》はおって、二階《かい》の龍馬《りょうま》に知《し》らせましてん。けど、龍馬《りょうま》は押《お》し入《い》ってきた捕《と》り手《て》にかこまれてしもて、長州《ちょうしゅう》の高杉《たかすぎ》さんにもろうたピストルを撃《う》って応戦《おうせん》しはったんどすが、手《て》の指《ゆび》を切《き》られてしまいましてんっ！」

はおった着物《きもの》は着乱《きみだ》れたままで、肩《かた》で息《いき》をしながらお龍《りょう》が言《い》った。

寺田屋《てらだや》と薩摩藩邸《さつまはんてい》は近《ちか》かったので、龍馬《りょうま》が逃《に》げて、幕吏《ばくり》が追《お》っていった隙《すき》に、お龍《りょう》は気丈《きじょう》に助《たす》けを求《もと》めにきたのだ。

龍馬《りょうま》、ともにいた同志《どうし》も、屋根《やね》から逃《に》げたという。

吉之助《きちのすけ》はすぐさま、藩邸《はんてい》の者《もの》らに命《めい》じて、龍馬《りょうま》を救《すく》いに行《い》かせた。

傷《きず》を負《お》って材木小屋《ざいもくごや》に隠《かく》れていた龍馬《りょうま》を、すばやく救《すく》ってきたのは、吉之助《きちのすけ》の読書仲間《どくしょなかま》の吉井幸輔《よしいこうすけ》らであった。

吉之助《きちのすけ》は、すぐさま藩邸内《はんていない》に龍馬《りょうま》とお龍《りょう》を隠《かく》し、医者《いしゃ》を呼《よ》びよせた。

龍馬《りょうま》の手《て》の治療《ちりょう》をしてからは、そのまま京《きょう》から逃《に》がし、ひそかに薩摩《さつま》へ入国《にゅうこく》させた。

薩摩藩内《さつまはんない》では、吉之助《きちのすけ》の知《し》らせを受《う》けた家老《かろう》の小松帯刀《こまつたてわき》が、龍馬《りょうま》らを別邸《べってい》にかくまってくれたのだ。

この傷《きず》の療養《りょうよう》もあって、龍馬《りょうま》とお龍《りょう》は、吉井幸輔《よしいこうすけ》の案内《あんない》で、錦江湾《きんこうわん》の桜島《さくらじま》をながめつつ、霧島《きりしま》の温泉《おんせん》で、ゆったりしたという。

「こん旅《たび》が、龍馬《りょうま》どんとお龍《りょう》さぁのええ旅《たび》になったそうじゃ」と、吉井幸輔《よしいこうすけ》は吉之助《きちのすけ》に報告《ほうこく》してきた。

血《ち》なまぐさい事件《じけん》から離《はな》れ、龍馬《りょうま》は、お龍《りょう》と幸《しあわ》せなひとときを送《おく》っただろうと思《おも》えば、心《こころ》から、ホッとした吉之助《きちのすけ》であった。

薩摩《さつま》においては、これまで、どうすすめられても、愛加那《あいかな》以外《いがい》の妻《つま》を持《も》つつもりはなかった吉之助《きちのすけ》だったが、その西郷家《さいごうけ》へ、いきなり若《わか》い女性《じょせい》を連《つ》れてきた親戚《しんせき》があった。

薩摩《さつま》では、吉之助《きちのすけ》は独身《どくしん》とみられていたので、親戚《しんせき》としても、親切心《しんせつしん》ではあったが、吉《きち》之助《のすけ》は困惑《こんわく》してしまった。

「ほれ、よい女子《おなご》じゃろう?」と、その女性《じょせい》を前《まえ》にして、親戚《しんせき》の者《もの》が言《い》う。

たしかに、その女性《じょせい》はほっそりとして、キリリと凛々《りり》しい顔立《かおだ》ちで、気立《きだ》ても良《よ》さそうであったし、芯《しん》の通《とお》った薩摩《さつま》おごじょ(薩摩《さつま》の女性《じょせい》)らしき、しっかり者《もの》にも見《み》えた。

「あ、へ、そ、そうじゃのう」

とまどって答《こた》えるしかない吉之助《きちのすけ》に、その親戚《しんせき》は「では、よろしゅう頼《たの》む」と、一方的《いっぽうてき》に、女性《じょせい》をおいて帰《かえ》ってしまった。

「お、おい!」

吉之助《きちのすけ》はあわてたが、その女性《じょせい》は三つ指《ゆび》をついて、「薩摩藩家老座書役《さつまはんかろうざかきやく》、岩山家《いわやまけ》の娘《むすめ》、糸子《いとこ》でございます」とあいさつした。

まさか、それが結婚《けっこん》のあいさつとは思《おも》わない吉之助《きちのすけ》は、「西郷吉之助《さいごうきちのすけ》でごわす」とあいさつを返《かえ》した。

それが、吉之助《きちのすけ》の三度目《どめ》の結婚《けっこん》となってしまったのだ。

この糸子《いとこ》自身《じしん》も二度目《どめ》の結婚《けっこん》だと知《し》ったのは、後《あと》のことであった。

だが、この日《ひ》から数日後《すうじつご》に、吉之助《きちのすけ》は藩命《はんめい》で出張《しゅっちょう》しなければならなかったうえに、政務《せいむ》を任《まか》されているので、めったに自宅《じたく》へ帰《かえ》れなかった。

そんななか、糸子《いとこ》はただひたすら、留守《るす》がちな西郷家《さいごうけ》を守《まも》ってくれた。

一度《いちど》、吉之助《きちのすけ》は京《きょう》から坂本龍馬《さかもとりょうま》を伴《ともな》って、薩摩《さつま》に帰《かえ》ったことがある。

このときの西郷家《さいごうけ》はひどく雨漏《あまも》りがしていたこともあって、留守《るす》を守《まも》って、愚痴《ぐち》一つ言《い》ったことのない糸子《いとこ》が、初《はじ》めて吉之助《きちのすけ》に、困《こま》った顔《かお》を見《み》せた。

「これでは、お客《きゃく》さまに面目《めんぼく》が立《た》ちませんから、雨漏《あまも》りしないよう屋根《やね》を直《なお》してくださいませ」と。

それに吉之助《きちのすけ》は答《こた》えた。

「今《いま》は日本中《にほんじゅう》が雨漏《あまも》りしている。我《わ》が家《や》だけではない」と。

この会話《かいわ》を聞《き》いていた坂本龍馬《さかもとりょうま》は、京《きょう》の恋人《こいびと》お龍《りょう》に手紙《てがみ》を書《か》いた。

「わしは西郷夫婦《さいごうふうふ》に惚《ほ》れちゅうきに、いつか、おまんにも会《あ》わせたい」と。

このとき吉之助《きちのすけ》の三人目《にんめ》の妻《つま》となった糸子《いとこ》は二十二歳《さい》だった。

心深《こころふか》くでは、吉之助《きちのすけ》は愛加那《あいかな》を思《おも》わぬはずはなかったが、貧乏《びんぼう》暮らしに愚痴《ぐち》一つも言《い》わない糸子《いとこ》に対《たい》しては、吉之助《きちのすけ》は同志《どうし》のように愛《あい》し、誇《ほこ》りにするようになっていた。


こうした吉之助《きちのすけ》の穏《おだ》やかな暮《く》らしの一方《いっぽう》で、薩摩藩《さつまはん》を抜《ぬ》きにして幕府軍《ばくふぐん》が行《おこな》った「第二《だいに》次長州征伐《じちょうしゅうせいばつ》」は、十万を超《こ》える兵力《へいりょく》を投入《とうにゅう》したにもかかわらず幕軍《ばくぐん》は惨敗《ざんぱい》につぐ惨敗《ざんぱい》となった。

龍馬《りょうま》が薩摩名義《さつまめいぎ》で手《て》に入《い》れ、長州《ちょうしゅう》へ運《はこ》んだ近代兵器《きんだいへいき》の成果《せいか》は大《おお》きかったのだ。

さらに将軍家茂《しょうぐんいえもち》の死去《しきょ》によって、ついに、戦《たたか》いは休戦《きゅうせん》となった。

そのうえ、慶応二年《けいおうねん》（一八六七年《ねん》）、十二月《がつ》に、公武合体《こうぶがったい》を目指《めざ》した幕府《ばくふ》が頼《たよ》りにしていた孝明天皇《こうめいてんのう》が崩御《ほうぎょ》されてしまった。


この後《のち》に、天下《てんか》は一気《いっき》に動《うご》くことになる。

この年《とし》、土佐藩《とさはん》は、坂本龍馬《さかもとりょうま》らの脱藩《だっぱん》を許《ゆる》して、「亀山社中《かめやましゃちゅう》」を土佐藩《とさはん》の外郭組織《がいかくそしき》としたので、亀山社中《かめやましゃちゅう》は「海援隊《かいえんたい》」と改称《かいしょう》した。

一方《いっぽう》で、龍馬《りょうま》は討幕《とうばく》ではなく、将軍家《しょうぐんけ》から大政奉還《たいせいほうかん》を成《な》させたいと願《ねが》っていた。

この「大政奉還《たいせいほうかん》」に賛同《さんどう》したのは、土佐藩士《とさはんし》の後藤象二郎《ごとうしょうじろう》、藩主《はんしゅ》の山内容堂《やまうちようどう》などで、彼《かれ》らは「大政奉還建白書《たいせいほうかんけんぱくしょ》」を提出《ていしゅつ》し、幕府《ばくふ》が政権《せいけん》を朝廷《ちょうてい》に奉還《ほうかん》することを提案《ていあん》した。

これを受《う》けて、慶応《けいおう》三年（一八六七年《ねん》）十月《がつ》十四日《か》、将軍職《しょうぐんしょく》についた徳川慶喜《とくがわよしのぶ》は「大政《たいせい》奉還《ほうかん》」を明治天皇《めいじてんのう》に上奏《じょうそう》、十五日《にち》に勅許《ちょっきょ》が下《くだ》された。

この結果《けっか》、平和的《へいわてき》に幕府《ばくふ》の権力《けんりょく》は、天皇《てんのう》と朝廷《ちょうてい》へ返還《へんかん》されたわけで、武力討幕《ぶりょくとうばく》は回避《かいひ》されたかのように見《み》えた。

だが、この大政奉還《たいせいほうかん》の直前《ちょくぜん》に、「討幕《とうばく》の密勅《みっちょく》」と呼《よ》ばれる勅令《ちょくれい》が、薩摩藩《さつまはん》と長州藩《ちょうしゅうはん》に下《くだ》されていたのだ。

薩摩藩主《さつまはんしゅ》、島津忠義《しまづただよし》は、この討幕《とうばく》の密勅《みっちょく》によって、三千の軍兵《ぐんぴょう》を率《ひき》いて京《きょう》へ向《む》かっていた。

大政奉還《たいせいほうかん》をされてしまったとはいえ、兵《へい》を挙《あ》げた以上《いじょう》、薩摩藩《さつまはん》は何《なに》が何《なん》でも、武力討幕《ぶりょくとうばく》の戦端《せんたん》を開《ひら》かねばならなかった。

吉之助《きちのすけ》は、これらの難問《なんもん》をどうくつがえせるかと考《かんが》えこんだ。

八、動乱《どうらん》

慶応三年《けいおうねん》（一八六七年《ねん》）十一月十五日《がつ　にち》。

将軍《しょうぐん》の大政奉還《たいせいほうかん》を誰《だれ》より喜《よろこ》んだのは坂本龍馬《さかもとりょうま》だったが、この大政奉還《たいせいほうかん》のたった一か月後《げつご》に、またも、事件《じけん》が起《お》こった。

京《きょう》の河原町《かわらまち》、蛸薬師《たこやくし》の醤油商《しょうゆしょう》「近江屋《おうみや》」で、龍馬《りょうま》が身元不明《みもとふめい》の武士団《ぶしだん》に襲《おそ》われたのだ。同《おな》じく、その場《ば》にいた土佐藩《とさはん》の友人《ゆうじん》、中岡慎太郎《なかおかしんたろう》も襲《おそ》われ、犯人《はんにん》は十津川郷士《とつがわごうし》を名乗《なの》る武士数名《ぶしすうめい》であったという。

まず面会《めんかい》を申《もう》し込《こ》まれて出《で》たのは、龍馬《りょうま》の従僕《じゅうぼく》であり、護衛《ごえい》でもあった関取《せきと》りであった。訪《おとず》れた客《きゃく》を龍馬《りょうま》の居室《きょしつ》へ案内《あんない》する途中《とちゅう》で、護衛《ごえい》の関取《せきと》りは背後《はいご》から切《き》り倒《たお》され、階段《かいだん》を転《ころ》げ落《お》ちた。

そのとき、階下《かいか》で誰《だれ》かが騒《さわ》いでいると思《おも》ったのか、龍馬《りょうま》は「ほたえなっ」（騒《さわ》ぐな）と、子《こ》らがふざけるのをしかるような言葉《ことば》をかけたという。

せつな、抜刀《ばっとう》した襲撃者《しゅうげきしゃ》が、どっと二階《かい》まで押《お》し入《い》った。

二階座敷《かいざしき》で中岡《なかおか》と歓談《かんだん》していた龍馬《りょうま》は、そのとき、帯刀《たいとう》すらしていなかったので、不意《ふい》打《う》ちにひたいを切《き》り割《わ》られ、さらに何《なん》か所《しょ》も突《つ》かれて、龍馬《りょうま》は即死《そくし》であった。

龍馬《りょうま》といた中岡《なかおか》も重傷《じゅうしょう》となって、後日《ごじつ》、息《いき》を引《ひ》き取《と》った。

坂本龍馬《さかもとりょうま》、三十三歳《さい》。中岡慎太郎《なかおかしんたろう》はいまだ三十歳《さい》であった。


この知《し》らせを聞《き》いた吉之助《きちのすけ》は、龍馬《りょうま》の青空《あおぞら》のような笑顔《えがお》を思《おも》い出《だ》し、あの笑顔《えがお》には二度《ど》と会《あ》えないのだと思《おも》って、ついに腹《はら》を決《き》めた。

（戦《たたか》いの起《お》こらぬ大政奉還《たいせいほうかん》をすすめた龍馬《りょうま》どんを殺《ころ》したのは武力討幕派《ぶりょくとうばくは》か？　それとも旧《きゅう》幕府《ばくふ》の手《て》の者《もの》なのか？　どちらであろうが、もうこれ以上《いじょう》、国内《こくない》での争《あらそ》いを長引《ながび》かせてはなるまい。龍馬《りょうま》どん、おんしには悪《わる》いが、もはや、武力討幕《ぶりょくとうばく》しかないっ！）と。

同年《どうねん》十二月《がつ》九日《か》、「王政復古《おうせいふっこ》の大号令《だいごうれい》」が、明治天皇《めいじてんのう》の名《な》によって宣言《せんげん》された。

これは、大政奉還《たいせいほうかん》によって討幕《とうばく》の大義名分《たいぎめいぶん》が失《うしな》われたため、薩長討幕派《さっちょうとうばくは》であった公卿《くぎょう》の岩倉具視《いわくらともみ》や薩摩藩《さつまはん》の参謀《さんぼう》であった大久保《おおくぼ》らが仕掛《しか》けたクーデターでもあった。

さらに、朝議《ちょうぎ》では、徳川慶喜《とくがわよしのぶ》の「辞官納地《じかんのうち》」を決定《けってい》したのだ。

辞官《じかん》とは官位《かんい》を返上《へんじょう》すること、納地《のうち》とは領地《りょうち》を返納《へんのう》することだった。

慶喜《よしのぶ》は大政奉還《たいせいほうかん》をして、徳川代々《とくがわだいだい》の征夷大将軍《せいいたいしょうぐん》という地位《ちい》は捨《す》てたが、いまだ朝廷《ちょうてい》の官《かん》位《い》や巨大《きょだい》な領地《りょうち》や財力《ざいりょく》もあったので、これらを奪《うば》う「辞官納地《じかんのうち》」は、徳川家《とくがわけ》の手足《てあし》をもぎとる決定《けってい》であった。

これと同時《どうじ》に、禁門《きんもん》の変以来《へんいらい》、京《きょう》を追放《ついほう》されていた長州藩《ちょうしゅうはん》の復権《ふっけん》が認《みと》められた。吉之助《きちのすけ》が長州《ちょうしゅう》の木戸《きど》に約束《やくそく》した「朝廷《ちょうてい》における長州藩《ちょうしゅうはん》の罪《つみ》が許《ゆる》されるよう、薩摩藩《さつまはん》が力《ちから》を貸《か》そう」という言葉《ことば》を守《まも》ったことになる。

「慶喜公《よしのぶこう》は、尊王《そんのう》の意識《いしき》は高《たか》いが、さすがに幕府領地《ばくふりょうち》の返納《へんのう》は拒《こば》んだそうじゃの。当然《とうぜん》じゃ。領地《りょうち》を返納《へんのう》すりゃ、徳川《とくがわ》の家臣《かしん》すべてが路頭《ろとう》に迷《まよ》う」

吉之助《きちのすけ》は大久保《おおくぼ》に言《い》ったが、大久保《おおくぼ》は不敵《ふてき》にうなずいた。

「それでいい。返納《へんのう》ではなく、奪《うば》えばいいのだ」と。

この朝廷《ちょうてい》の決定《けってい》に、京《きょう》では、旧幕臣《きゅうばくしん》らの怒《いか》りが沸騰《ふっとう》していた。

旧幕臣《きゅうばくしん》の暴発《ぼうはつ》をもっとも恐《おそ》れていた慶喜《よしのぶ》は、二条城《にじょうじょう》から大坂城《おおさかじょう》へ移《うつ》った。

そして、慶喜《よしのぶ》は、通商《つうしょう》のある海外各国《かいがいかっこく》に訴《うった》えた。

「各国《かっこく》との条約履行《じょうやくりこう》やその責任《せきにん》は、我《わ》が徳川家《とくがわけ》にある」と。

すると、朝廷《ちょうてい》の会議《かいぎ》においても、土佐藩《とさはん》の山内容堂《やまうちようどう》、越前藩《えちぜんはん》の松平慶永《まつだいらよしなが》らが同意《どうい》し、徳川家《とくがわけ》への一方的《いっぽうてき》な領地返納《りょうちへんのう》の命令《めいれい》は撤回《てっかい》された。

さらに討幕《とうばく》の実行延期《じっこうえんき》の沙汰書《さたしょ》も下《くだ》され、討幕《とうばく》の密勅《みっちょく》は事実上《じじつじょう》取《と》り消《け》されたかのような流《なが》れになってしまった。

だが、江戸《えど》の薩摩藩邸《さつまはんてい》にひそむ攘夷派浪士団《じょういはろうしだん》「赤報隊《せきほうたい》」はこれを無視《むし》した。

これまでも、赤報隊《せきほうたい》は、江戸《えど》のあちこちで、たびたび豪商《ごうしょう》を襲《おそ》っては、討幕《とうばく》の軍資金《ぐんしきん》を奪《うば》っていたのだが、十二月《がつ》二十三日《にち》には、江戸城《えどじょう》の西ノ丸《にしのまる》が焼《や》かれて、さらに同日夜《どうじつよる》、江戸《えど》市中《しちゅう》の警備《けいび》にあたっていた庄内藩屯所《しょうないはんとんしょ》への発砲事件《はっぽうじけん》があり、これらも薩摩藩邸《さつまはんてい》の関与《かんよ》ありとされたのだ。

江戸《えど》を守《まも》っていた庄内藩《しょうないはん》は、「赤報隊《せきほうたい》」が、江戸《えど》の豪商《ごうしょう》などへの強盗殺人《ごうとうさつじん》を繰《く》り返《かえ》しては、薩摩藩邸《さつまはんてい》に逃《に》げこむのを何度《なんど》も確認《かくにん》していたので、ついに江戸城老中《えどじょうろうじゅう》の命《めい》で、薩摩藩《さつまはん》邸《てい》、江戸屋敷《えどやしき》を焼《や》き討《う》ちした。

これが、いわば、幕軍《ばくぐん》を戦《たたか》いに誘《さそ》いこんだことになったのだった。

慶応《けいおう》四年《ねん》（一八六八年《ねん》）一月《がっ》二日《か》。

旧幕軍《きゅうばくぐん》は、大坂《おおさか》から出陣《しゅつじん》した。

天皇《てんのう》を心《こころ》から敬《うやま》う慶喜《よしのぶ》は、ここに至《いた》るまで、けっして戦《たたか》いを望《のぞ》んではいなかった。

だが、ついに、慶喜《よしのぶ》は「薩摩《さつま》、奸党《かんとう》（よこしまな仲間《なかま》）」と怒《いか》って、一度《ど》は薩長《さっちょう》に明《あ》け渡《わた》した京《きょう》の朝廷《ちょうてい》へ直訴《じきそ》をこころみた。

その薩摩軍《さつまぐん》を指揮《しき》する吉之助《きちのすけ》は、鳥羽伏見《とばふしみ》に薩長軍《さっちょうぐん》を布陣《ふじん》させ、長州軍《ちょうしゅうぐん》は伏見街道《ふしみかいどう》へ配《はい》して、自《みずか》らの本営《ほんえい》は京《きょう》の東寺《とうじ》においた。

吉之助《きちのすけ》の本営《ほんえい》は前線《ぜんせん》ではなく、戦《たたか》いを俯瞰《ふかん》できる場《ば》であったが、吉之助《きちのすけ》はたびたび、鳥《と》羽《ば》や伏見《ふしみ》の戦《たたか》いを視察《しさつ》していた。

それは、この戦《たたか》いの仕掛《しか》け人《にん》ともいえる参謀《さんぼう》、大久保《おおくぼ》から「旧幕府軍《きゅうばくふぐん》の入京《にゅうきょう》をなんとしても阻止《そし》してくれ」という厳命《げんめい》を受《う》けていたからだ。

同年《どうねん》、一月《がっ》三日夕刻《かゆうこく》、大坂《おおさか》から進軍《しんぐん》してきた旧幕軍《きゅうばくぐん》は、鳥羽小枝橋付近《とばさえだばしふきん》にさしかかったという伝令《でんれい》が入《はい》った。

「戦力《せんりょく》は？」

吉之助《きちのすけ》はたずねた。

「会津兵《あいづへい》三千、桑名兵《くわなへい》一千五百を主力《しゅりょく》とする総勢《そうぜい》一万五千もの軍兵《ぐんぴょう》でござる」

報告《ほうこく》する者《もの》も、顔色《かおいろ》が変《か》わっている。

なぜなら、鳥羽伏見《とばふしみ》の薩長土軍《さっちょうどぐん》は、薩摩兵《さつまへい》、長州兵《ちょうしゅうへい》、土佐兵《とさへい》の四千五百。

戦力《せんりょく》において、旧幕軍《きゅうばくぐん》が圧倒的《あっとうてき》に、薩長土《さっちょうど》の兵《へい》をはるかに上回《うわまわ》っていたのだ。

だが、それを予想《よそう》していた吉之助《きちのすけ》は、銃隊《じゅうたい》を街道《かいどう》のわきに長《なが》く配列《はいれつ》するように命《めい》じておいた。

その街道《かいどう》で、旧幕軍《きゅうばくぐん》は、薩摩軍《さつまぐん》と遭遇《そうぐう》したのだった。

「旧幕軍《きゅうばくぐん》は『京《きょう》へ通《とお》せ』と言《い》い、我《わ》が薩摩軍《さつまぐん》は『いや、通《とお》さん』ちゅう押《お》し問答《もんどう》が続《つづ》いちょります」と、伝令《でんれい》が伝《つた》えたそのとき、薩摩《さつま》の四斤山砲《よんきんさんぽう》が火《ひ》を噴《ふ》く轟音《ごうおん》が響《ひび》いてきた。

しばらくして、また二人目《ふたりめ》の伝令《でんれい》がかけこんできた。

「やったか！」

吉之助《きちのすけ》が聞《き》くと、その伝令《でんれい》は息《いき》せき切《き》って報告《ほうこく》した。

「通《とお》せ、通《とお》さぬの問答《もんどう》の末《すえ》、しびれを切《き》らした旧幕軍《きゅうばくぐん》が、強行《きょうこう》に兵《へい》を進《すす》めようとしたところ、我《わ》が軍《ぐん》の四斤山砲《よんきんさんぽう》の号砲《ごうほう》が合図《あいず》となって、縦隊《じゅうたい》であった旧幕兵列《きゅうばくへいれつ》は、並《なら》び立《た》った我《わ》が銃隊《じゅうたい》のかっこうの餌食《えじき》となりもした！」

その報告《ほうこく》を聞《き》いてすぐ、吉之助《きちのすけ》は前線《ぜんせん》へ向《む》かった。

吉之助《きちのすけ》は、沖永良部島《おきのえらぶじま》でかかってしまったフィラリア症《しょう》のため、長時間移動《ちょうじかんいどう》には、馬《うま》に乗《の》れず輿《こし》を使《つか》うことも多《おお》かったが、このときは馬上移動《ばじょういどう》した。

鳥羽伏見《とばふしみ》では、響《ひび》き渡《わた》る銃声《じゅうせい》、砲声《ほうせい》、砲煙《ほうえん》を合図《あいず》に、各所《かくしょ》で戦端《せんたん》が開《ひら》かれていた。

このとき、伏見奉行所《ふしみぶぎょうしょ》には、新選組《しんせんぐみ》、会津兵《あいづへい》三百、伝習隊旧幕兵《でんしゅうたいきゅうばくへい》五百の援軍《えんぐん》合《あ》わせて、およそ一千がいた。

だが、伏見奉行所《ふしみぶぎょうしょ》には、北《きた》の高台《たかだい》にある御香宮《ごこうぐう》から、休《やす》みなく薩摩《さつま》の砲弾《ほうだん》が撃《う》ちこまれていた。

会津藩大砲隊《あいづはんたいほうたい》も反撃《はんげき》していたが、伏見奉行所《ふしみぶぎょうしょ》は、薩軍《さつぐん》のいる御香宮《ごこうぐう》よりかなり低地《ていち》にあり、会津《あいづ》の砲《ほう》は思《おも》うように働《はたら》かないようだった。

その間《かん》、薩軍《さつぐん》の砲撃《ほうげき》で、奉行所《ぶぎょうしょ》はたちまち炎上《えんじょう》。

さらに、奉行所《ぶぎょうしょ》の南《みなみ》から、新《あら》たな長州兵《ちょうしゅうへい》が攻《せ》めこんだので、新選組《しんせんぐみ》と会津兵《あいづへい》は表門《おもてもん》を開《ひら》き、切《き》り込《こ》んできた。

薩長兵《さっちょうへい》も激《はげ》しく銃撃《じゅうげき》したが、新選組《しんせんぐみ》と会津兵《あいづへい》をとどめることはできなかった。

薩軍《さつぐん》は町家《まちや》に火《ひ》をかけ、川向《かわむ》こうにしりぞいた。

吉之助《きちのすけ》が戦線《せんせん》に到着《とうちゃく》したのは、このときであった。

見《み》ると、旧幕府側《きゅうばくふがわ》からの砲《ほう》や銃声《じゅうせい》が飛《と》び交《か》うなか、薩軍陣内《さつぐんじんない》では、握《にぎ》り飯《めし》をほおばっている者《もの》がいた。

（はて……）と近《ちか》づけば、その人物《じんぶつ》に、何《なに》やら見覚《みおぼ》えがある。

はぐはぐとむしゃぶりつくように握《にぎ》り飯《めし》を食《く》うその姿《すがた》を、どこかで見《み》たような気《き》がしたのだ。

「何《なに》をしておるのか⁉」

吉之助《きちのすけ》が問《と》うと、その者《もの》は、ハッとして、「昨日《きのう》から何《なん》も食《く》うておらんで、ひもじゅうてたまらんで、握《にぎ》り飯《めし》をやっちょる」と言《い》う。

その頬《ほお》にへばりついた飯粒《めしつぶ》から、ふうっと、あまい味噌《みそ》の香《かお》りがした。

握《にぎ》り飯《めし》に練《ね》りこんだ味噌《みそ》のようだ。

吉之助《きちのすけ》は、なにやら懐《なつ》かしい気《き》がしつつも、「今《いま》は、飯《めし》など食《く》うておっ時《とき》じゃなか。みなが、あげん戦《たたか》うとっじゃなかか！」と叱《しか》った。

そう言《い》った吉之助自身《きちのすけじしん》もあわてるでもなく、その場《ば》を去《さ》ろうとしたのだが、ふと、握《にぎ》り飯《めし》にむしゃぶりついていた者《もの》の目《め》と鼻筋《はなすじ》の間《あいだ》に、泣《な》きぼくろのようなほくろがあるのに気《き》づいた。

その瞬間《しゅんかん》、思《おも》い出《だ》した。

吉之助《きちのすけ》がまだ郷中《ごじゅう》の稚児頭《ちごがしら》であったあのとき、藩《はん》あげての妙円寺詣《みょうえんじまい》りを見物《けんぶつ》に来《き》て、上《かみ》方限《ほうぎり》郷中《ごじゅう》の横堀三助《よこぼりさんすけ》に足蹴《あしげ》にされていた三つばかりの幼児《ようじ》、雨上《あめあ》がりの道《みち》で、泥《どろ》だらけになって泣《な》きじゃくっていたあの子《こ》を思《おも》い出《だ》したのだ。

あの子《こ》を救《すく》ったのは、当時《とうじ》の西郷家《さいごうけ》の従僕《じゅうぼく》、権兵衛《ごんべえ》であった。

（その権兵衛《ごんべえ》からもらった握《にぎ》り飯《めし》にむしゃぶりついていたあの坊《ぼう》さぁは、幾《いく》つになったのか……？）と、吉之助《きちのすけ》は思《おも》った。

あのとき、三つばかりであれば、今《いま》は大人《おとな》となっているはずだが……と、確信《かくしん》はなかったが、吉之助《きちのすけ》はなにやら嬉《うれ》しい気持《きも》ちになったので、「おんし、有馬《ありま》であったのう？」と、その男《おとこ》を振《ふ》り返《かえ》っていた。

男《おとこ》はしゃんと立《た》ち上《あ》がり、敬礼《けいれい》したが、その手《て》にはまだ飯粒《めしつぶ》がついている。

「西郷先生《さいごうせんせい》、おいは有馬藤太《ありまとうた》でごんす！」

この藤太《とうた》は、この後《のち》も、戊辰戦争《ぼしんせんそう》を戦《たたか》い抜《ぬ》く薩摩藩士《さつまはんし》の一人《ひとり》となった。

慶応《けいおう》四年《ねん》（一八六八年《ねん》）一月《がつ》四日《か》。

薩長軍《さっちょうぐん》に、天皇《てんのう》の兵団《へいだん》「官軍《かんぐん》」をしめす「錦《にしき》の御旗《みはた》」が押《お》し立《た》てられた。

これによって、これまで薩長《さっちょう》に味方《みかた》するのをためらったり、積極的《せっきょくてき》でなかった諸藩《しょはん》が参《さん》戦《せん》し、こぞって官軍側《かんぐんがわ》についた。

さらに、旧幕軍側《きゅうばくぐんがわ》の裏切《うらぎ》りも続出《ぞくしゅつ》した。


その一方《いっぽう》で、幕府軍《ばくふぐん》の新選組《しんせんぐみ》、会津兵《あいづへい》など旧幕軍《きゅうばくぐん》は、地《ち》の利《り》の悪《わる》い伏見《ふしみ》を放棄《ほうき》し、中書《ちゅうしょ》島《じま》から淀《よど》へと退却《たいきゃく》したが、その淀城《よどじょう》が封鎖《ふうさ》され、旧幕軍《きゅうばくぐん》は味方《みかた》であるはずの淀城《よどじょう》へ入《はい》れなかった。

入城《にゅうじょう》を拒否《きょひ》され、体勢《たいせい》を立《た》て直《なお》すことも、戦《たたか》い抜《ぬ》くこともできなくなった旧幕軍《きゅうばくぐん》は、淀《よど》南方《なんぽう》の橋本《はしもと》へと敗走《はいそう》した。

時勢《じせい》の大波《おおなみ》に呑《の》みこまれた旧幕軍《きゅうばくぐん》は、総大将《そうだいしょう》たる徳川慶喜《とくがわよしのぶ》がいる大坂城《おおさかじょう》を最後《さいご》の頼《たの》みに、大坂《おおさか》へ敗走《はいそう》した。

だが、頼《たの》みの徳川慶喜《とくがわよしのぶ》は、引《ひ》き留《と》める会津藩主《あいづはんしゅ》や桑名藩主《くわなはんしゅ》までも引《ひ》き連《つ》れ、すでに大坂《おおさか》城《じょう》から脱《だっ》し、海路《かいろ》にて、江戸《えど》へ向《む》かったとの情報《じょうほう》が、吉之助《きちのすけ》には届《とど》いていた。

徳川慶喜《とくがわよしのぶ》という人《ひと》は類《るい》を見《み》ない賢君《けんくん》であったのだが、このときは、徳川幕府《とくがわばくふ》のために命《いのち》を投《な》げ出《だ》した戦士《せんし》らをねぎらうこともなく、大坂《おおさか》から逃《に》げ出《だ》してしまったのだ。

傷《きず》つき、疲弊《ひへい》した軍兵《ぐんぴょう》らは置《お》き去《ざ》りにされたことになる。

裏切《うらぎ》りと混乱《こんらん》の戦況《せんきょう》を見《み》つつ、吉之助《きちのすけ》は、武士《ぶし》たるおのれの魂《たましい》も冷《ひ》えていくような気《き》がした。

武士《ぶし》の魂《たましい》とは、こうむるであろう恥辱《ちじょく》や死《し》さえ乗《の》り越《こ》えるからこそ、武士《ぶし》なのであった。

少《すく》なくとも、吉之助《きちのすけ》はそう生《い》きてきたつもりであった。

だが今《いま》、吉之助《きちのすけ》の目前《もくぜん》でなだれを打《う》つように起《お》こっているのは、この国《くに》が美徳《びとく》とした武《ぶ》士《し》の魂《たましい》そのものが死骨《しこつ》となって砕《くだ》け散《ち》るさまであった。

(時勢《じせい》とは……なんじゃろう)

吉之助《きちのすけ》が初《はじ》めて、おのれの進《すす》む道《みち》で、ふと立《た》ち止《ど》まった瞬間《しゅんかん》であった。

この後《のち》、旧幕軍《きゅうばくぐん》は、幕府軍船《ばくふぐんせん》で江戸《えど》へ退却《たいきゃく》していった。

あれほど孝明天皇《こうめいてんのう》に信頼《しんらい》され、ゆるがぬ尊王《そんのう》の志《こころざし》を持《も》つ会津藩主《あいづはんしゅ》、松平容保《まつだいらかたもり》もまた、明《めい》治天皇《じてんのう》から朝敵《ちょうてき》の宣告《せんこく》を受《う》けては、会津《あいづ》へ帰還《きかん》するしかなかった。

大坂《おおさか》から江戸《えど》へ入《はい》った慶喜《よしのぶ》は、旧幕府《きゅうばくふ》の主戦派《しゅせんは》をことごとく罷免《ひめん》して江戸城《えどじょう》を出《で》た。

そして、上野寛永寺《うえのかんえいじ》に謹慎《きんしん》した。

吉之助《きちのすけ》の目《め》には、慶喜公《よしのぶこう》は賢君《けんくん》であっても、武者魂《むしゃだましい》がないと感《かん》じられた。

江戸城総攻撃《えどじょうそうこうげき》は、三月《がつ》十五日《にち》と決定《けってい》していた。旧幕府軍《きゅうばくふぐん》の武士《ぶし》らには抵抗《ていこう》を続《つづ》ける者《もの》も多《おお》かったので、このままでは江戸《えど》の町《まち》は、戦火《せんか》で火《ひ》の海《うみ》となろうというそのとき、英国外交員《えいこくがいこういん》のハリー・パークスが、武力《ぶりょく》による江戸総攻撃《えどそうこうげき》に反対《はんたい》を表明《ひょうめい》してきた。

薩英戦争《さつえいせんそう》以来《いらい》、むしろ英国《えいこく》と交流《こうりゅう》するようになった薩摩《さつま》にとって、英国《えいこく》の発言《はつげん》も無視《むし》できなかった。

そのとき、旧幕府《きゅうばくふ》の全権《ぜんけん》を委任《いにん》された勝海舟《かつかいしゅう》から、会談《かいだん》を申《もう》し込《こ》む使者《ししゃ》があった。

海舟《かいしゅう》の使者《ししゃ》である旧幕臣《きゅうばくしん》、山岡鉄舟《やまおかてっしゅう》が、薩摩藩士一人《さつまはんしひとり》を供《とも》にして、並《な》み居《い》る薩軍《さつぐん》を突《つ》っ切《き》り、まさに命《いのち》がけで吉之助《きちのすけ》に会《あ》いにやって来《き》たのだ。

その薩摩藩士《さつまはんし》の供《とも》とは、益満休之助《ますみつきゅうのすけ》であった。

益満《ますみつ》はかつて吉之助《きちのすけ》の部下《ぶか》でもあり、江戸《えど》の薩摩藩邸《さつまはんてい》に五百名《めい》もの浪士《ろうし》を集《あつ》め、江戸《えど》の治安《ちあん》を乱《みだ》し、幕府《ばくふ》に挙兵《きょへい》させた「赤報隊《せきほうたい》」のリーダーの一人《ひとり》でもあった。

赤報隊《せきほうたい》の役割《やくわり》は、幕府領内《ばくふりょうない》の治安《ちあん》を乱《みだ》し、庶民《しょみん》の不満《ふまん》をあおることでもあったので、その結果《けっか》、庄内藩《しょうないはん》が赤報隊《せきほうたい》の隠《かく》れ家《が》であった江戸薩摩藩邸《えどさつまはんてい》を焼《や》き討《う》ちしたことから、鳥羽伏見《とばふしみ》の戦《たたか》いが勃発《ぼっぱつ》したとも言《い》える。

ただし、この益満自身《ますみつじしん》は幕府方《ばくふがた》に逮捕《たいほ》され、処刑《しょけい》される寸前《すんぜん》を、勝海舟《かつかいしゅう》に救《すく》われていたのだ。

ゆえにこのとき、海舟《かいしゅう》は、使者《ししゃ》、山岡鉄舟《やまおかてっしゅう》を吉之助《きちのすけ》のもとへ送《おく》る役割《やくわり》を、益満《ますみつ》に与《あた》えたのだろう。

吉之助《きちのすけ》は、その山岡鉄舟《やまおかてっしゅう》に会《あ》った後《あと》に、江戸《えど》の薩摩藩邸《さつまはんてい》にて、海舟《かいしゅう》との会談《かいだん》にのぞむことになった。

「西郷《さいごう》さん、いつか、こんな日《ひ》が来《く》ると思《おも》っていたよ」

こんなときにも、風《かぜ》のようにつかみどころのない海舟《かいしゅう》は、笑顔《えがお》で、吉之助《きちのすけ》と会《あ》った。

敗軍《はいぐん》の将《しょう》には見《み》えぬ海舟《かいしゅう》に対《たい》して、吉之助《きちのすけ》は言葉《ことば》を選《えら》ばず告《つ》げた。

「海舟《かいしゅう》どん、江戸城総攻撃《えどじょうそうこうげき》は、官軍《かんぐん》にて、すでに決定《けってい》しちょる。これをとどめることは、いかな海舟《かいしゅう》どんでも難《むずか》しゅうござる」

海舟《かいしゅう》はおどろきもせず、「ならば……江戸《えど》は火《ひ》の海《うみ》になるだろうよ」と言《い》う。

「火《ひ》の海《うみ》？」

吉之助《きちのすけ》は海舟《かいしゅう》を見《み》つめた。

「さよう。もし、あんたがたが総攻撃《そうこうげき》してくるなら、我《われ》らもまた、最後《さいご》の一兵《ぺい》になるまで戦《たたか》う。総攻撃《そうこうげき》で、この江戸《えど》の町《まち》をすんなり手《て》に入《い》れることができると思《おも》ってるのかい？手《て》に入《い》れられるのは焼《や》け野原《のはら》だ。江戸《えど》の町《まち》ではない」

海舟《かいしゅう》は平然《へいぜん》と恐《おそ》ろしいことを言《い》う。

吉之助《きちのすけ》は、かつて、禁門《きんもん》の変《へん》で起《お》こった火事《かじ》が、京《きょう》の町《まち》に焼《や》き広《ひろ》がり、難渋《なんじゅう》する京《きょう》の人々《ひとびと》を見《み》ていたので、罪《つみ》もない庶民《しょみん》のためにも、それは避《さ》けねばならぬとは思《おも》った。

なにより、戦《たたか》いでこの国《くに》の活力《かつりょく》が失《うしな》われれば、後《のち》の治世《ちせい》にも大《おお》きな負担《ふたん》となるだろう。

薩摩《さつま》と取《と》り引《ひ》きのある英国《えいこく》が、武力攻撃《ぶりょくこうげき》に反対《はんたい》してきたのも、取《と》り引《ひ》きできるぐらいの国力《こくりょく》を守《まも》れという警告《けいこく》だったのかもしれない。

「さらに、江戸城《えどじょう》の総攻撃《そうこうげき》がなされれば、今《いま》は大奥《おおおく》においでの、天璋院《てんしょういん》さま、和宮《かずのみや》さまもご無事《ぶじ》にはすまないぜ」

海舟《かいしゅう》が、さらに言《い》う。

「では、海舟《かいしゅう》どん。戦《たたか》わずに、江戸城《えどじょう》を明《あ》け渡《わた》すと言《い》わるっんか？」

吉之助《きちのすけ》はたずねた。

「そりゃあ、条件次第《じょうけんしだい》だ」

海舟《かいしゅう》があっさり言《い》うので、吉之助《きちのすけ》はかえって疑《うたが》い深《ぶか》い気持《きも》ちになった。

「ならば、朝議《ちょうぎ》で決《き》まった、条件《じょうけん》を申《もう》し上《あ》げよう」

吉之助《きちのすけ》は、七つの条件《じょうけん》を伝《つた》えた。
一、旧将軍《きゅうしょうぐん》、徳川慶喜《とくがわよしのぶ》は謹慎恭順《きんしんきょうじゅん》のうえ、備前《びぜん》へお預《あず》けとする。
二、江戸城《えどじょう》は明《あ》け渡《わた》すこと。
三、旧幕府《きゅうばくふ》の軍艦《ぐんかん》は残《のこ》らず、新政府官軍《しんせいふかんぐん》に引《ひ》き渡《わた》すこと。
四、武器《ぶき》、兵器一切《へいきいっさい》も引《ひ》き渡《わた》すこと。
五、江戸城内《えどじょうない》の家臣《かしん》はすべて、向島《むこうじま》で謹慎《きんしん》すること。
六、慶喜《よしのぶ》を助《たす》けた旧幕臣《きゅうばくしん》は厳重《げんじゅう》取《と》り調《しら》べ、謝罪《しゃざい》をさせること。
七、このうえ、抵抗《ていこう》、暴挙《ぼうきょ》に出《で》る者《もの》は、官軍《かんぐん》が鎮圧《ちんあつ》する。
「これが、ゆずれぬ条件《じょうけん》でござる」

吉之助《きちのすけ》が言《い》うと、海舟《かいしゅう》は首《くび》を横《よこ》に振《ふ》って、あきれたかのようにたずねた。

「西郷《さいごう》さん。その条件《じょうけん》の一点《てん》、『徳川慶喜公《とくがわよしのぶこう》の備前《びぜん》へお預《あず》け』だけは承服《しょうふく》できぬと、使《つか》いにやった鉄舟《てっしゅう》は言《い》ってなかったかい？」

「たしかに聞《き》いたが、これは、朝命《ちょうめい》（天皇命令《てんのうめいれい》）である」

吉之助《きちのすけ》は重々《おもおも》しく断《だん》じた。

「ああ、そうかい。だがね、西郷《さいごう》さん。鉄舟《てっしゅう》もおいらも幕臣《ばくしん》だ。あんたと我々《われわれ》の立場《たちば》を入《い》れ替《か》えてみりゃあわかるだろう。もし、あんたのご主君《しゅくん》、島津公《しまづこう》があやまって朝敵《ちょうてき》の汚名《おめい》を受《う》けられたとしよう。そのとき、慶喜公《よしのぶこう》に下《くだ》ったような朝命《ちょうめい》があれば、あんたはその朝《ちょう》命《めい》を承服《しょうふく》して、主君《しゅくん》を差《さ》し出《だ》すのかい？　それで、君臣《くんしん》の情《じょう》、家臣《かしん》の義《ぎ》が通《とお》るのかい？

あんたにそれができるのかい？」

そう言《い》って、海舟《かいしゅう》は腕《うで》を組《く》んだ。

「あんたとこから帰《かえ》った鉄舟《てっしゅう》が言《い》ってたぜ。そんなことを耐《た》え忍《しの》ぶぐらいなら、天地《てんち》が火《ひ》の海《うみ》になろうと戦《たたか》うってな。まあ、それが、君臣《くんしん》の情《じょう》ってもんだろう」

そう言《い》う海舟《かいしゅう》の胸《むね》の底《そこ》にも、深《ふか》い考《かんが》えがあるのかもしれない……と、吉之助《きちのすけ》はしばし沈《ちん》黙《もく》した。

これまでの戦《たたか》いで見《み》てきた旧幕軍《きゅうばくぐん》の裏切《うらぎ》りの数々《かずかず》、天皇《てんのう》の兵団《へいだん》「官軍《かんぐん》」をしめす「錦《にしき》の御旗《みはた》」が薩長土軍《さっちょうどぐん》に押《お》し立《た》てられたとたん、てのひらを返《かえ》した各藩《かくはん》、各兵《かくへい》の姿《すがた》が、吉之助《きちのすけ》

の脳裏《のうり》に浮《う》かんでは消《き》えた。

それにひきかえ、この海舟《かいしゅう》にも、かつて使《つか》いに来《き》た鉄舟《てっしゅう》にも、吉之助《きちのすけ》は、まったく私心《ししん》を感《かん》じなかった。

さらに同時期《どうじき》に、吉之助《きちのすけ》のもとには、将軍《しょうぐん》に嫁《とつ》いだ島津《しまづ》家《け》の篤姫《あつひめ》、今《いま》は天璋院《てんしょういん》からも、徳川《とくがわ》家《け》へのとりなしの手紙《てがみ》が届《とど》いていたのだった。

かつて、島津《しまづ》家《け》のために嫁《とつ》いだ姫《ひめ》は、今《いま》では、徳川《とくがわ》の妻《つま》として生《い》きていたのだ。

その思《おも》いのこもった手紙《てがみ》にも、吉之助《きちのすけ》の胸《むね》は熱《あつ》くなっていた。

「ま、そうなれば、火《ひ》の海《うみ》になっても戦《たたか》うぜ！」

脅《おど》すようでもなく、風《かぜ》のように海舟《かいしゅう》が言《い》い切《き》る。

その言《い》い方《かた》に隠《かく》された熱《あつ》い思《おも》いを、吉之助《きちのすけ》は感《かん》じていた。

それがつい胸《むね》に迫《せま》って、吉之助《きちのすけ》は答《こた》えた。

「総攻撃《そうこうげき》の中止《ちゅうし》、さらに慶喜公《よしのぶこう》については、おいが一身《いっしん》にひきうけよう」と。

それから、吉之助《きちのすけ》は、勝海舟《かつかいしゅう》との会談《かいだん》を新政府《しんせいふ》に伝《つた》え、七つの条件《じょうけん》はこう定《さだ》められた。

一、旧将軍《きゅうしょうぐん》、徳川慶喜《とくがわよしのぶ》は、備前預《びぜんあず》けではなく、慶喜《よしのぶ》が生《う》まれた水戸家《みとけ》にて謹慎恭順《きんしんきょうじゅん》。
二、明《あ》け渡《わた》した江戸城《えどじょう》は、尾張藩《おわりはん》に預《あず》ける。
三および四、旧幕府《きゅうばくふ》の軍艦《ぐんかん》、武器《ぶき》、兵器《へいき》はいったん官軍《かんぐん》に引《ひ》き渡《わた》し、後《のち》に必要《ひつよう》ならば返還《へんかん》する。
五、江戸城内《えどじょうない》の家臣《かしん》は城外謹慎《じょうがいきんしん》すれば良《よ》い。
六、鳥羽伏見《とばふしみ》の戦《たたか》いの責任者《せきにんしゃ》は助命《じょめい》する。ただし一万石以上《ごくいじょう》の大名《だいみょう》、小名《しょうみょう》については、朝議《ちょうぎ》にて決《けっ》する。
七、この条《じょう》はなし。

このような西郷《さいごう》と海舟《かいしゅう》の会談《かいだん》によって、江戸城《えどじょう》は無血《むけつ》にて開城《かいじょう》され、戦《たたか》いで江戸《えど》の町《まち》が焼《や》かれることもなく、庶民《しょみん》への戦災《せんさい》はまぬがれたのだった。

だが、江戸《えど》の東北《とうほく》では、奥羽越列藩同盟《おううえつれっぱんどうめい》が結《むす》ばれ、仙台藩《せんだいはん》、長岡藩《ながおかはん》、会津藩《あいづはん》、庄内藩《しょうないはん》など、新政府軍《しんせいふぐん》に対立《たいりつ》する藩《はん》は多《おお》かったので、吉之助《きちのすけ》は、これら奥羽越列藩同盟《おううえつれっぱんどうめい》との戦《たたか》いに赴《おもむ》こうとしたが、これは長州藩《ちょうしゅうはん》から反対《はんたい》されたのでとどまった。

さらに上野《うえの》では、旧幕臣《きゅうばくしん》、彰義隊《しょうぎたい》二千名《めい》が立《た》てこもり気勢《きせい》をあげていた。

吉之助《きちのすけ》は、これら彰義隊《しょうぎたい》との戦《たたか》いに出向《でむ》いたが、この上野戦争《うえのせんそう》と呼《よ》ばれた戦《たたか》いで、薩藩《さっぱん》藩士《はんし》、益満休之助《ますみつきゅうのすけ》は流《なが》れ弾《だま》にあたって戦死《せんし》してしまった。

また、旧幕軍《きゅうばくぐん》の新選組《しんせんぐみ》で組織《そしき》された「甲陽鎮撫隊《こうようちんぶたい》」は甲州《こうしゅう》で戦《たたか》ったが破《やぶ》れ、局長《きょくちょう》、近藤《こんどう》勇《いさみ》は、板橋《いたばし》にて斬首《ざんしゅ》された。

三十五歳《さい》であった。

だが、この近藤《こんどう》の斬首《ざんしゅ》に抗議《こうぎ》した薩摩《さつま》の指揮官《しきかん》がいた。

それが、有馬藤太《ありまとうた》であった。

旧幕軍《きゅうばくぐん》を追撃《ついげき》して、駿河《するが》まで進軍《しんぐん》した吉之助《きちのすけ》は、有馬藤太《ありまとうた》からその報告《ほうこく》を聞《き》いた。

「近藤《こんどう》は敵《てき》ながら、徳川《とくがわ》には忠臣《ちゅうしん》であり、武士《ぶし》として立派《りっぱ》な男《おとこ》であった。それを切腹《せっぷく》もさせず、斬首《ざんしゅ》して、さらに極悪人《ごうあくにん》のごとく梟首《きょうしゅ》するなど、武士《ぶし》の風上《かざかみ》にもおけぬ!」

有馬藤太《ありまとうた》は熱《あつ》くそう語《かた》った。

ここまでの動乱《どうらん》で亡《な》くした部下《ぶか》、亡《な》くした心《こころ》の友《とも》も数知《かずし》れずであった吉之助《きちのすけ》は、この後《のち》、主君《しゅくん》の島津忠義《しまづただよし》に従《したが》って、いったん薩摩《さつま》へ帰《かえ》った。

だが、東北《とうほく》での戦《たたか》いがおもわしくなく、また呼《よ》び出《だ》されることになった。

吉之助《きちのすけ》がふたたび戦線《せんせん》に戻《もど》ったときには、会津藩《あいづはん》の城《しろ》はすでに落城《らくじょう》していた。

「あれは、戦《たたか》いっちゅうより、長州《ちょうしゅう》の復讐《ふくしゅう》に見《み》えたばい」

会津攻《あいづぜ》めを、長州《ちょうしゅう》とともに戦《たたか》った中村半次郎《なかむらはんじろう》（後《のち》の桐野利秋《きりのとしあき》）が、吉之助《きちのすけ》に言《い》った。

会津若松城《あいづわかまつじょう》は難攻不落《なんこうふらく》の城《しろ》とも言《い》われていたので、城内《じょうない》には、武家《ぶけ》の老幼婦女子《ろうようふじょし》千人《にん》を含《ふく》む五千人《にん》が立《た》てこもって抵抗《ていこう》したという。

その城《しろ》は薩長軍《さっちょうぐん》に包囲《ほうい》され、五十もの大砲《たいほう》から、二千から三千にもわたる砲撃《ほうげき》を受《う》けた。

この砲撃《ほうげき》により、会津《あいづ》の城《しろ》は、砲弾跡《ほうだんあと》が無数《むすう》の黒《くろ》い穴《あな》をうがち、白壁《しろかべ》は崩《くず》れ落《お》ちて、見《み》るにたえない姿《すがた》となって降伏《こうふく》したと、半次郎《はんじろう》は言《い》った。

「おいは、開城《かいじょう》された城《しろ》の受《う》け取《と》りに派遣《はけん》されて、城内《じょうない》に入《はい》ったんじゃ。そげんしたら、もう、目《め》のやり場《ば》がなかほど、砲弾《ほうだん》を浴《あ》びた男《おとこ》や女《おんな》が横《よこ》たわっちょった。手足《てあし》を断《た》たれたり、砕《くだ》けたりした者《もの》が、もう、何十《なん》、何百《なん》と転《ころ》がっちょってのう。飛《と》び散《ち》った肉塊《にくかい》が四方《しほう》の壁《かべ》にへばりついちょって、血膿《ちうみ》があふれちょって……あれぁ酷《ひど》すぎた！　あげん痛《いた》めつけられたに、おいを迎《むか》えた会津藩士《あいづはんし》は礼《れい》に厚《あつ》うて、立派《りっぱ》であったじゃ……」

と、半次郎《はんじろう》は男泣《おとこな》きに泣《な》きつつ、吉之助《きちのすけ》に報告《ほうこく》した。

この敗戦後《はいせんご》、二十三万石《ごく》であった会津藩《あいづはん》は領地《りょうち》を取《と》り上《あ》げられ、藩主《はんしゅ》は鳥取藩《とっとりはん》預《あず》かりの禁錮刑《きんこけい》となり、藩士《はんし》らは、当時《とうじ》、田畑《たはた》さえない北《きた》の僻地《へきち》、陸奥国《むつのくに》の斗南《となみ》（現在《げんざい》の青森県《あおもりけん》むつ市《し》）に追《お》いやられたのだった。

戦線《せんせん》にもどった吉之助《きちのすけ》は、この中村半次郎《なかむらはんじろう》、村田新八《むらたしんぱち》、篠原国幹《しのはらくにもと》らを分隊長《ぶんたいちょう》とした先鋒隊《せんぽうたい》を指揮《しき》して、小田原《おだわら》へと進《すす》んで、東海道《とうかいどう》の要衝《ようしょう》を占領《せんりょう》した後《のち》、ふたたび駿府《すんぷ》へ引《ひ》き返《かえ》したが、その一方《いっぽう》で、会津《あいづ》と同《おな》じく奥羽越列藩同盟《おううえつれっぱんどうめい》において新政府軍《しんせいふぐん》と戦《たたか》った庄内藩《しょうないはん》の敗戦《はいせん》に対《たい》したときには、吉之助《きちのすけ》は寛大《かんだい》な処置《しょち》をした。

武装解除《ぶそうかいじょ》した庄内藩《しょうないはん》は、藩主《はんしゅ》の弟《おとうと》に継《つ》がせて、領地《りょうち》を追《お》われることもないように手配《てはい》したのだった。

それは、半次郎《はんじろう》から聞《き》いた、悲《かな》しき会津《あいづ》に思《おも》いを馳《は》せていたからだった。

京都守護職《きょうとしゅごしょく》だった会津藩《あいづはん》に、徹底《てってい》して対立《たいりつ》してきた長州《ちょうしゅう》にとっては、官軍《かんぐん》となった今《いま》こそ果《は》たせる復讐《ふくしゅう》であったのだろうが、そこには、武士《ぶし》の情《なさけ》がどこにもないような気《き》がしていたのだ。

そんなとき、吉之助《きちのすけ》に悲報《ひほう》が入《はい》った。

この戊辰戦争《ぼしんせんそう》に、吉之助《きちのすけ》の弟《おとうと》、吉二郎《きちじろう》も、越後国《えちごのくに》（現在《げんざい》の新潟県三条市《にいがたけんさんじょうし》）へ駆《か》り出《だ》されていたのだが、越後《えちご》において戦傷《せんしょう》を負《お》い、それがもとで亡《な》くなってしまったというのだ。

慶応四年《けいおうねん》（一八六八年《ねん》）、八月十四日《がつかか》、西郷吉二郎戦死《さいごうきちじろうせんし》。いまだ三十六歳《さい》であった。

これまで、長男《ちょうなん》である吉之助《きちのすけ》の代《か》わりに大家族《だいかぞく》を支《ささ》え、吉之助《きちのすけ》を助《たす》けてくれた吉二郎《きちじろう》の死《し》を知《し》って、吉之助《きちのすけ》は声《こえ》を上《あ》げて泣《な》いた。

「おいが国家《こっか》んため、ご奉公《ほうこう》がでけたんは、なんもかんも、吉二郎《きちじろう》がおいに代《か》わって兄《あに》たる責務《せきむ》を果《は》たしてくれたでだ。生《う》まれたんは、おいが兄《あに》じゃが、まことの兄《あに》は、吉二郎《きちじろう》じゃった！」

そう繰《く》り返《かえ》し、吉之助《きちのすけ》は止《と》めようとしても止《と》まらない涙《なみだ》を、大《おお》きな黒《くろ》い瞳《ひとみ》からボロボロこぼした。

その夜《よる》、吉之助《きちのすけ》は、薩摩《さつま》の指揮官《しきかん》を現《あらわ》す黒熊《コグマ》と呼《よ》ばれるヤクの毛皮《けがわ》の兜《かぶと》かざりで顔《かお》を隠《かく》し、密《ひそ》かに泣《な》き続《つづ》けた。

明治元年《めいじがんねん》となった一八六八年《ねん》十一月《がつ》、日本《にほん》の西《にし》から東《ひがし》を揺《ゆ》るがした戊辰戦争《ぼしんせんそう》も、やや落《お》ち着《つ》き、新政府《しんせいふ》も動《うご》き出《だ》したので、吉之助《きちのすけ》はようやく薩摩《さつま》へ帰《かえ》った。

この戦争中《せんそうちゅう》も、吉之助《きちのすけ》は、沖永良部島《おきのえらぶじま》でかかったフィラリア症《しょう》で苦《くる》しんでいたのだ。

そのせいもあって、薩摩《さつま》ではまた温泉《おんせん》へ通《かよ》うようになったが、戊辰戦争《ぼしんせんそう》は、いまだ終《お》わっていなかった。

旧幕軍《きゅうばくぐん》でもある奥羽越列藩同盟《おううえつれっぱんどうめい》の敗色《はいしょく》が濃《こ》くなった頃《ころ》、旧幕府海軍《きゅうばくふかいぐん》を率《ひき》いた榎本武揚《えのもとたけあき》、新選組《しんせんぐみ》、土方歳三《ひじかたとしぞう》らが、軍艦《ぐんかん》で江戸《えど》を脱出《だっしゅつ》し、蝦夷地《えぞち》（現在《げんざい》の北海道《ほっかいどう》）の箱館五稜郭《はこだてごりょうかく》（水《みず》堀《ぼり》で囲《かこ》まれた五芒星型《ごぼうせいがた》に築《きず》かれた洋式城郭《ようしきじょうかく》）にて「蝦夷共和国《えぞきょうわこく》」を名乗《なの》り戦《たたか》った。

吉之介《きちのすけ》は新政府《しんせいふ》からの要請《ようせい》を受《う》け、軍艦《ぐんかん》で箱館《はこだて》に向《む》かったが、そのときには、すでに戦《たたか》いは終《お》わっていた。

総裁《そうさい》の榎本武揚《えのもとたけあき》ら旧幕府軍幹部《きゅうばくふぐんかんぶ》は降伏《こうふく》し、「蝦夷共和国《えぞきょうわこく》」閣僚《かくりょう》のなかで戦死《せんし》したのは、土方歳三《ひじかたとしぞう》だけであった。

明治《めいじ》二年《ねん》（一八六九年《ねん》）五月《がつ》十一日《にち》、新選組副長《しんせんぐみふくちょう》、土方歳三戦死《ひじかたとしぞうせんし》。三十五歳《さい》であった。

幕末《ばくまつ》の戊辰戦争《ぼしんせんそう》は、この北《きた》の果《は》て、箱館《はこだて》で終結《しゅうけつ》したことになる。

この年《とし》、吉之助《きちのすけ》は、京《きょう》の東福寺塔頭《とうふくじたっちゅう》、即宗院《そくしゅういん》で、戊辰戦争《ぼしんせんそう》による島津藩士《しまづはんし》五百二十四名《めい》の慰霊祭《いれいさい》を行《おこな》った。

長《なが》い時間《じかん》をかけて、自《みずか》らしたためた慰霊碑《いれいひ》の碑文《ひぶん》に向《む》かった吉之助《きちのすけ》は、フロックコートに白羽二重《しろはぶたえ》の帯《おび》をしめ、大小《だいしょう》の刀《かたな》をおびて、ぞうりばきであった。

吉之助《きちのすけ》はしばし黙祷《もくとう》して、祭文《さいぶん》を読《よ》み上《あ》げようとしたが、あふれ出《だ》す涙《なみだ》が止《と》まらなかった。

集《あつ》まった人々《ひとびと》もみなもらい泣《な》きをしたが、このときの吉之助《きちのすけ》は、兄弟《きょうだい》や同志《どうし》だけでなく、この戦争《せんそう》で亡《な》くなった若者《わかもの》すべてを思《おも》って涙《なみだ》が止《と》まらなかったのだ。

この年《とし》から、吉之助《きちのすけ》は、西郷吉之助隆盛《さいごうきちのすけたかもり》と名乗《なの》るようになった。

九、明治新政府《めいじしんせいふ》

新政府《しんせいふ》によって、日本《にほん》の都《みやこ》は、京《きょう》から江戸《えど》へ移《うつ》され、東京《とうきょう》とされた。

天皇《てんのう》が御所《ごしょ》から江戸城《えどじょう》へ移《うつ》られ、江戸城《えどじょう》は皇居《こうきょ》となった。

江戸《えど》は東《ひがし》の都《みやこ》として東京《とうきょう》と名《な》づけられたが、この頃《ころ》、明治天皇《めいじてんのう》はまだ十代《だい》であったので、明治政府《めいじせいふ》となった新政府《しんせいふ》には、公卿《くぎょう》である岩倉具視《いわくらともみ》、三条実美《さんじょうさねとみ》らの他《ほか》に、戊辰戦争《ぼしんせんそう》を勝利《しょうり》に導《みちび》いた薩摩藩《さつまはん》の大久保利通《おおくぼとしみち》、長州藩《ちょうしゅうはん》の木戸孝允《きどたかよし》、伊藤博文《いとうひろぶみ》、さらに土佐藩《とさはん》の板垣退助《いたがきたいすけ》、肥前藩《ひぜんはん》の大隈重信《おおくましげのぶ》といった者《もの》たちがいた。

そんななか、隆盛《たかもり》だけは「明治新政府《めいじしんせいふ》」を大久保《おおくぼ》や木戸《きど》に任《まか》せ、薩摩《さつま》へ帰《かえ》っていた。

明治《めいじ》二年《ねん》（一八六九年《ねん》）、新政府《しんせいふ》は、そんな隆盛《たかもり》に、位階《いかい》と賞典禄《しょうてんろく》（功労《こうろう》のあった公卿《くぎょう》、大名《だいみょう》や士族《しぞく》に与《あた》えられる官位《かんい》と禄《ろく》）を与《あた》えた。

「正三位《せい い》」と二千石《ごく》の禄《ろく》であった。

その官位《かんい》は、隆盛《たかもり》の主君《しゅくん》である薩摩藩主《さつまはんしゅ》、島津忠義《しまづただよし》より高位《こうい》であったため、隆盛《たかもり》は「主《しゅ》君《くん》より高《たか》い位階《いかい》は受《う》けられない」として辞退《じたい》した。

やがて、薩摩藩主《さつまはんしゅ》、島津忠義《しまづただよし》が版籍奉還《はんせきほうかん》して、薩摩藩《さつまはん》は「鹿児島藩《かごしまはん》」になった。

鹿児島藩《かごしまはん》の藩父《はんぷ》となった島津久光《しまづひさみつ》は、このときも、新政府《しんせいふ》が進《すす》めようとする日本《にほん》の欧風《おうふう》化《か》や、廃藩置県《はいはんちけん》などに強《つよ》く反対《はんたい》していたので、政府《せいふ》に言《い》えない怒《いか》りを、国《くに》もとにいる隆盛《たかもり》一人《ひとり》にぶつけていたことになる。

その明治《めいじ》三年《ねん》（一八七〇年《ねん》）には、新政府《しんせいふ》にいた元薩摩藩家老《もとさつまはんかろう》の小松帯刀《こまつたてわき》は、三十六歳《さい》の若《わか》さで病死《びょうし》してしまった。

その後《のち》の新政府《しんせいふ》には、贅沢《ぜいたく》におぼれる政治家《せいじか》が多《おお》いと深《ふか》く嘆《なげ》いて、抗議《こうぎ》の切腹《せっぷく》をしてしまった薩摩藩士《さつまはんし》もいた。

新政府樹立《しんせいふじゅりつ》のために活躍《かつやく》をした者《もの》の多《おお》くはすでに亡《な》くなっていたので、亡《な》くなった志士《しし》の後《あと》を継《つ》いで、新政府《しんせいふ》の頂点《ちょうてん》にのぼりつめた人々《ひとびと》は思《おも》わぬ大《おお》きな権力《けんりょく》を手《て》にしたため、その志《こころざし》そのものがどんどん朽《く》ちていくように、隆盛《たかもり》には見《み》えた。

そのさなか、明治《めいじ》四年《ねん》（一八七一年《ねん》）には、全国《ぜんこく》に廃藩置県《はいはんちけん》が発布《はっぷ》され、各藩《かくはん》は県《けん》となった。

同時《どうじ》に、旧藩主《きゅうはんしゅ》らは職《しょく》をとかれ、各県《かくけん》には藩主《はんしゅ》に代《か》わる県令《けんれい》がおかれることになった。

この廃藩置県《はいはんちけん》によって三百近《りか》い諸藩大名家《しょはんだいみょうけ》は消滅《しょうめつ》し、二百万人《にん》にのぼる武士《ぶし》の特権《とっけん》もまた、たった一日《にち》で消《き》えてしまったのだ。

諸大名《しょだいみょう》の抵抗《ていこう》も大《おお》きかったが、これに強《つよ》い不満《ふまん》を持《も》ったのは、武士階級《ぶしかいきゅう》の者《もの》たちであった。

この廃藩置県《はいはんちけん》によって、国内《こくない》には、いつ何《なに》が起《お》こっても不思議《ふしぎ》はなかったのに、同年秋《どうねんあき》、「こうなったら、海外《かいがい》の国《くに》を見《み》てこよう。不平等《ふびょうどう》なまま、外国《がいこく》と結《むす》ばれた条約《じょうやく》の改正《かいせい》もはからねば！」と、岩倉具視《いわくらともみ》を全権大使《ぜんけんたいし》として、新政府《しんせいふ》の大久保利通《おおくぼとしみち》、木戸孝允《きどたかよし》など明治政《めいじせい》府中枢《ふちゅうすう》四十六名《めい》が「岩倉使節団《いわくらしせつだん》」として、欧米《おうべい》へ旅立《たびだ》ってしまう。

その留守《るす》を頼《たの》まれたのが、隆盛《たかもり》であった。

（みんなそろって留守《るす》にして、おいが留守番《るすばん》？）

隆盛《たかもり》は唖然《あぜん》としたが、ともかく東京《とうきょう》へ戻《もど》り、留守《るす》を引《ひ》き受《う》けることになった。

明治《めいじ》五年《ねん》（一八七二年《ねん》）になって、この国《くに》の近衛条例《このえじょうれい》が制定《せいてい》され、隆盛《たかもり》は、新設《しんせつ》の近衛《このえ》の総指揮官《そうしきかん》である「近衛都督《このえとと》」に就任《しゅうにん》した。

このとき、隆盛《たかもり》は、明治天皇《めいじてんのう》の西国巡幸《さいごくじゅんこう》を実行《じっこう》して、吉井友実《よしいともざね》や村田新八《むらたしんぱち》らに指示《しじ》して天皇《てんのう》の周辺《しゅうへん》を女官《じょかん》ではなく、士族《しぞく》が仕《つか》えるように改革《かいかく》した。

それは、御簾内《みすない》に隠《かく》れているような王朝《おうちょう》の天皇《てんのう》ではなく、日本《にほん》の元首《げんしゅ》らしく、堂々《どうどう》とした天皇《てんのう》になってもらうためであった。

さらにこの頃《ころ》、政府内《せいふない》には、国民《こくみん》の徴兵制《ちょうへいせい》についての対立《たいりつ》があったため、隆盛《たかもり》は「陸軍《りくぐん》元帥《げんすい》」という軍《ぐん》のトップにまで立《た》つことになってしまった。

その隆盛《たかもり》に、さらに覆《おお》いかぶさってきたのが、朝鮮国《ちょうせんこく》との国交問題《こっこうもんだい》であった。

もともと朝鮮国《ちょうせんこく》は長《なが》く鎖国政策《さこくせいさく》をとっており、開国《かいこく》した日本《にほん》が行《おこな》った王政復古《おうせいふっこ》に強《つよ》い違《い》和感《わかん》を感《かん》じていたようで、「我《わ》が国《くに》は旧徳川政権国家《きゅうとくがわせいけんこっか》としか国交《こっこう》しない」としていた。

その訳《わけ》は、清国《しんこく》（中国《ちゅうごく》）に隷属《れいぞく》していた朝鮮《ちょうせん》にとって、皇帝《こうてい》とは、清国王《しんこくおう》のみであったのに、日本《にほん》が「皇上《こうじょう》」や「奉勅《ほうちょく》」などという皇帝用語《こうていようご》を、日本《にほん》の天皇《てんのう》に使《つか》うことがまず、理解《りかい》できなかったのだ。

この朝鮮《ちょうせん》に対《たい》して、「征韓軍《せいかんぐん》を送《おく》るべき」と、強硬《きょうこう》に言《い》ったのが板垣退助《いたがきたいすけ》であった。

それに、隆盛《たかもり》は「いや、軍《ぐん》で攻《せ》め込《こ》むより、おいが遣韓使《けんかんし》となって、話《はな》し合《あ》ってくる」と、とどめた。

当時《とうじ》、日本《にほん》の周辺《しゅうへん》は、ロシアとの領地問題《りょうちもんだい》もあったので、むしろ朝鮮《ちょうせん》との国交安定《こっこうあんてい》が大《たい》切《せつ》だと、隆盛《たかもり》は考《かんが》えたのだった。

ところが、その翌年《よくねん》、岩倉《いわくら》を代表《だいひょう》とする「岩倉使節団《いわくらしせつだん》」が帰国《きこく》した。

帰国《きこく》した大久保利通《おおくぼとしみち》は、隆盛《たかもり》の「遣韓《けんかん》」に強《つよ》く反対《はんたい》した。

「遣韓使《けんかんし》として行《い》けば、日本《にほん》に敵意《てきい》を持《も》っちょる朝鮮《ちょうせん》に、西郷《さいごう》どんは殺《ころ》さるっ。そうなれば戦争《せんそう》になるっ。今《いま》の日本《にほん》は朝鮮《ちょうせん》と戦《たたか》う力《ちから》はなかっ！」

洋装《ようそう》の大久保《おおくぼ》が言《い》った。

洋装《ようそう》となってから伸《の》ばした髭《ひげ》が大《おお》きく横《よこ》にひろがり伸《の》びているせいか、よけい細面《ほそおもて》に見《み》える大久保《おおくぼ》の眉間《みけん》がピリピリふるえていた。

だが、隆盛《たかもり》は道義《どうぎ》を信《しん》じ、朝鮮《ちょうせん》とも、話《はな》せば通《つう》じると思《おも》っていたのだ。

大久保《おおくぼ》の言《い》うことはわかるが、もし死《し》ぬことになっても、新政府樹立《しんせいふじゅりつ》のために死《し》んだ多《おお》くの同志《どうし》を思《おも》えば、どうしてもゆずることができなかった。

「国《くに》と国《くに》の誤解《ごかい》があるなら、それを解《と》いて国交《こっこう》を結《むす》ぶことこそ、こん国《くに》のためで、それこそが、真《しん》の文明国《ぶんめいこく》ちゅうもんじゃっ」

隆盛《たかもり》の言葉《ことば》に、みなが、やむを得《え》ないという雰囲気《ふんいき》になった。

こうして、隆盛《たかもり》の朝鮮《ちょうせん》行《い》きが決定《けってい》したそのとき、いつもは理性的《りせいてき》な大久保《おおくぼ》が、大《おお》きな音《おと》でイスを倒《たお》すほどの勢《いきお》いで立《た》ち上《あ》がった。

「ならば、おいは参議《さんぎ》（明治政府《めいじせいふ》の重職《じゅうしょく》）をやめさせてもらうっ！」

政府《せいふ》の参議《さんぎ》となってからは、薩摩弁《さつまべん》もあまり話《はな》さないような大久保《おおくぼ》が、顔《かお》を真《ま》っ赤《か》にして薩摩言葉《さつまことば》で叫《さけ》んだ。

他《ほか》の参議《さんぎ》らもあわてたが、見《み》る間《ま》に、決定《けってい》をくつがえしたのは岩倉《いわくら》であった。

隆盛《たかもり》はこれに怒《いか》った。

だが、大久保《おおくぼ》の気持《きも》ちはわかっているつもりだった。

権力《けんりょく》をかさにきて私腹《しふく》を肥《こ》やす役人《やくにん》や参議《さんぎ》も多《おお》いなか、大久保《おおくぼ》だけは国《くに》のためなら私財《しざい》まで投《とう》じるような人間《にんげん》だったので、むしろ、心《こころ》から隆盛《たかもり》を案《あん》じて、戦争《せんそう》が起《お》こるのを心配《しんぱい》しているのだろうと思《おも》ったのだ。

だが、一度《ど》でも話《はな》し合《あ》って決《き》まったことを、おのれの権威《けんい》だけでくつがえす岩倉《いわくら》にはつくづく失望《しつぼう》した。

もはやこれまでと決意《けつい》して、隆盛《たかもり》は参議《さんぎ》を辞職《じしょく》した。

そして、そのまま鹿児島《かごしま》へ帰《かえ》ってしまったのだ。

留守《るす》を任《まか》せておいて、帰《かえ》ったとたん、隆盛《たかもり》の意見《いけん》を無視《むし》する明治政府《めいじせいふ》には、もういられなかった。

この隆盛《たかもり》の下野《げや》（官職《かんしょく》を辞《じ》して民間《みんかん》に下《くだ》ること）と重《かさ》なって、下野《げや》した者《もの》たちもいた。

参議《さんぎ》の板垣退助《いたがきたいすけ》と江藤新平《えとうしんぺい》、後藤象二郎《ごとうしょうじろう》などであるが、彼《かれ》らは隆盛《たかもり》と同《おな》じ意見《いけん》ではなかったが、大久保《おおくぼ》や木戸《きど》など薩長出身者《さっちょうしゅっしんしゃ》が中心《ちゅうしん》となった明治政府《めいじせいふ》に不満《ふまん》があったのだ。

さらに、隆盛《たかもり》を慕《した》って、参議《さんぎ》を辞職《じしょく》した者《もの》もいた。

村田新八《むらたしんぱち》である。新八《しんぱち》にとっては、少年時代《しょうねんじだい》から兄《あに》と思《おも》ってきた隆盛《たかもり》のいない新政府《しんせいふ》など、いる意味《いみ》がなかった。

だが、隆盛《たかもり》が去《さ》って、衝撃《しょうげき》を受《う》けた大久保《おおくぼ》は、「村田《むらた》さえいてくれれば……」と思《おも》っていたらしく、新八《しんぱち》の辞職《じしょく》と帰郷《ききょう》を聞《き》いて茫然《ぼうぜん》とした。

村田新八《むらたしんぱち》は隆盛《たかもり》に似《に》た豪傑肌《ごうけつはだ》の男《おとこ》だったので、大久保《おおくぼ》は、だからこそいてほしかったのだろう。

「おいも、鹿児島《かごしま》に帰《かえ》らしてもらう！」と言《い》ったのは、薩摩藩出身《さつまはんしゅっしん》の陸軍少将《りくぐんしょうしょう》であった桐《きり》野利秋《のとしあき》、桐野《きりの》の従兄《いとこ》であり少佐《しょうさ》の別府晋介《べっぷしんすけ》、近衛長官《このえちょうかん》であった篠原国幹《しのはらくにもと》などであった。

彼《かれ》らも、隆盛《たかもり》を慕《した》って下野《げや》してしまったのだ。

鹿児島《かごしま》へ帰《かえ》った隆盛《たかもり》は、ようやく癒《いや》されるひとときを過《す》ごせるようになった。

戊辰戦争《ぼしんせんそう》から新政府《しんせいふ》の樹立《じゅりつ》まで一心《いっしん》に戦《たたか》い続《つづ》け、その後《ご》は藩《はん》のため、新政府《しんせいふ》のため、隆《たか》盛《もり》は身《み》を粉《こ》にしてきた。

これでようやく、故郷《こきょう》でゆっくりできると思《おも》ったのだが、それは、おのれの安《やす》らぎだけではなかった。

いつも留守《るす》を支《ささ》えてくれた家族《かぞく》のやすらぎこそを大事《だいじ》にしてやりたかった。

隆盛《たかもり》は男《おとこ》ながら、自宅《じたく》で暮《く》らす日々《ひび》には、味噌《みそ》も醤油《しょうゆ》も作《つく》ったし、煮炊《にた》きのために木《き》を切《き》り出《だ》し、割《わ》ってそろえて、家《いえ》の軒下《のきした》にもそなえた。

「薪《まき》なら、いつでん、おいが刈《か》ってきてやっで、もう、焚《た》き物《もの》の心配《しんぱい》はいらんぞ！」と、西郷家《さいごうけ》の女《おんな》たちには伝《つた》えていた。

隆盛《たかもり》は、そんなふうに働《はたら》くことがきらいではなかったのだ。

日々《ひび》、畑仕事《はたけしごと》もしたが、隆盛《たかもり》の喜《よろこ》びは、なにより温泉《おんせん》と狩猟《しゅりょう》であった。

自宅《じたく》で飼《か》っている犬《いぬ》は五匹《ひき》もいたが、そのうちの二匹《ひき》の猟犬《りょうけん》を連《つ》れ、兎《うさぎ》を狩《か》って料理《りょうり》をしたり、そのまま温泉《おんせん》へ行《い》くこともあった。

戦《たたか》いと宮仕《みやづか》えから解放《かいほう》され、故郷《こきょう》の自然《しぜん》のなかでの自由《じゆう》な暮《く》らしに、隆盛《たかもり》は、今《いま》まで苦《く》労《ろう》をかけた家族《かぞく》への恩返《おんがえ》しをしようと思《おも》っていた。

戊辰戦争《ぼしんせんそう》でこれほど働《はたら》いたから褒美《ほうび》がたくさんほしいとか、楽《らく》な暮《く》らしをしたいとかいうような私利私欲《しりしよく》は、隆盛《たかもり》にはなかった。

一方《いっぽう》で、西郷家《さいごうけ》へ嫁《とつ》いで、忙《いそが》しいだけの貧乏暮《びんぼうぐ》らしのなか、家族《かぞく》を支《ささ》えてきた隆盛《たかもり》の妻《つま》、糸子《いとこ》は、隆盛《たかもり》が帰《かえ》ってきてとても幸《しあわ》せそうであった。

糸子《いとこ》が手料理《てりょうり》を出《だ》すと、隆盛《たかもり》はなんでも食《た》べ、かつ褒《ほ》めたのだ。

「こりゃようできた。うん、おいしゅうごわすじゃ！」

などと、どれもこれも褒《ほ》めるので、

「人《ひと》ん前《まえ》で、そげに言《い》われたら、かえって恥《は》ずかしい」

と、糸子《いとこ》が恥《は》ずかしがったぐらいであった。

また隆盛《たかもり》は、家族《かぞく》を引《ひ》き連《つ》れて、温泉旅行《おんせんりょこう》もよくした。

その家族《かぞく》のなかには、戊辰戦争《ぼしんせんそう》で戦死《せんし》した吉二郎《きちじろう》の妻《つま》と子《こ》どもらも一緒《いっしょ》であったし、その下《した》の弟《おとうと》、小兵衛夫婦《こへえふうふ》も、さらに糸子《いとこ》の実家《じっか》の義妹《ぎまい》なども連《つ》れていったことがある。

さらに、糸子《いとこ》と隆盛《たかもり》には、寅太郎《とらたろう》、午次郎《うまじろう》、酉三《とりぞう》という三兄弟《きょうだい》が生《う》まれていた。

そのうえ、奄美《あまみ》の愛加那《あいかな》の産《う》んだ菊次郎《きくじろう》も、糸子《いとこ》が引《ひ》き取《と》って育《そだ》ててくれていたのだ。

それは、長男《ちょうなん》である菊次郎《きくじろう》に良《よ》い教育《きょういく》を受《う》けさせてやりたいという、隆盛《たかもり》の親心《おやごころ》から、奄美《あまみ》の愛加那《あいかな》に「子《こ》どもを引《ひ》き取《と》らせてくれないか？」と、頼《たの》んでみたからだった。

だが、そのときには、愛加那《あいかな》の気持《きも》ちも考《かんが》え、いやなら断《ことわ》ってくれてもいいとも、隆盛《たかもり》は手紙《てがみ》に書《か》いた。

その頼《たの》みは、愛加那《あいかな》にとってつらかったであろうに、愛加那《あいかな》はいやがることなく菊次郎《きくじろう》を送《おく》り出《だ》してくれた。

そして、菊草《きくそう》は、もう少《すこ》し大《おお》きくなってからと、返事《へんじ》をくれたのだ。

愛加那《あいかな》は、奄美《あまみ》での隆盛《たかもり》の変名《へんめい》、菊池源吾《きくちげんご》から、息子《むすこ》と娘《むすめ》の名付《なづ》けをしてくれていたのだ。

その菊次郎《きくじろう》は十二歳《さい》にして、西郷家《さいごうけ》からアメリカ留学《りゅうがく》へ旅立《たびだ》っていったが、留学期間《りゅうがくきかん》を終《お》えたら、どれほど成長《せいちょう》して帰《かえ》ってくるか、隆盛《たかもり》は楽《たの》しみでしかたなかった。

そうして、菊次郎《きくじろう》を思《おも》えば、もう大《おお》きくなっただろう菊草《きくそう》のことも思《おも》う。

さらに大《おお》らかで優《やさ》しい愛加那《あいかな》の人柄《ひとがら》を思《おも》いつつも、隆盛《たかもり》は、今《いま》のこの大家族《だいかぞく》もまた、愛《いと》しくてならなかった。

隆盛《たかもり》の家族《かぞく》には、西郷家《さいごうけ》に仕《つか》える従僕《じゅうぼく》、権兵衛爺《ごんべえじい》や息子《むすこ》、熊吉《くまきち》も入《はい》っていて、それらの使用人《しようにん》にも、隆盛《たかもり》はとてもていねいな物言《ものい》いをした。

あるとき、隆盛《たかもり》は犬《いぬ》を連《つ》れて散歩《さんぽ》をしていた。

それを見《み》かけた、近辺《きんぺん》の農民《のうみん》が、あいさつをしようと近寄《ちかよ》ってきたことがあった。

隆盛《たかもり》の名《な》も姿《すがた》も、鹿児島《かごしま》では、「維新《いしん》の英雄《えいゆう》」として、みんなに知《し》られていたのだ。

「西郷《せご》せんせ！」

と、お辞儀《じぎ》をした農民《のうみん》は、畑《はたけ》にやる肥桶《こえおけ》をかついでいたので、身体《からだ》をかしげたとたん、肥《こえ》がはねて、隆盛《たかもり》の足《あし》をぬらしてしまった。

あわてた農民《のうみん》は、「も、申《もう》しわけなかことを！　ご、ご勘弁下《かんべんくだ》されっ」とあやまったが、隆盛《たかもり》が「何《なに》をすっど！」と言《い》ったので、農民《のうみん》は怒《おこ》られると思《おも》って、さらにあわてた。

だが、隆盛《たかもり》は笑《わら》ったのだ。

「せっかく、畑《はたけ》の肥《こえ》じゃんに、おいの足《あし》にかけてどうする？　もったいなかことすっな」

……と。

そういう隆盛《たかもり》はみんなに尊敬《そんけい》され、愛《あい》されていた。


そんな日々《ひび》のある日《ひ》。

明治七年《めいじねん》（一八七四年《ねん》）、二月《がつ》。明治政府《めいじせいふ》を下野《げや》した前参議《ぜんさんぎ》の江藤新平《えとうしんぺい》が、不平士族《ふへいしぞく》にかつがれて、佐賀県《さがけん》で反乱《はんらん》を起《お》こした。

それは、佐賀《さが》の乱《らん》と呼《よ》ばれ、政府軍《せいふぐん》に鎮圧《ちんあつ》されてしまったが、いったん佐賀《さが》から逃《のが》れた江藤《えとう》は、温泉療養中《おんせんりょうようちゅう》の隆盛《たかもり》を訪《たず》ねてきて、「鹿児島《かごしま》でも士族決起《しぞくけっき》をっ！」と、頼《たの》んできた。

隆盛《たかもり》はかつて、ともに新政府《しんせいふ》のために働《はたら》いた江藤《えとう》の顔《かお》をじっと見《み》た。

「江藤《えとう》どん。気持《きも》ちはわかるが、おいは、今《いま》はまだ、大久保《おおくぼ》がおる新政府《しんせいふ》とは、戦《たたか》いとうなか」

隆盛《たかもり》は断《ことわ》るしかなかった。

その後《ご》、後藤象二郎《ごとうしょうじろう》などを訪《たず》ねて、そこでも断《ことわ》られた江藤《えとう》は、ついに新政府《しんせいふ》に逮捕《たいほ》され、絞首刑《こうしゅけい》の判決《はんけつ》を受《う》けた。

江藤《えとう》は、新政府《しんせいふ》において三権分立《さんけんぶんりつ》をうたって、この国《くに》の司法《しほう》にも貢献《こうけん》した男《おとこ》だったが、いまだこの国《くに》では、司法《しほう》は政治《せいじ》に左右《さゆう》され、三権分立《さんけんぶんりつ》は成《な》ってはいなかった。司法《しほう》を整《ととの》え、四民平等《しみんびょうどう》に尽《つ》くした江藤新平《えとうしんぺい》は、未熟《みじゅく》な司法《しほう》に裁《さば》かれ、処刑《しょけい》されたのだった。

ますらおの　涙《なみだ》を袖《そで》にしぼりつつ　迷《まよ》う心《こころ》はただ君《きみ》がため

江藤《えとう》の辞世《じせい》の歌《うた》を知《し》った隆盛《たかもり》は涙《なみだ》ぐんだ。

だが、中央《ちゅうおう》では、さらに厳《きび》しいことが起《お》こっていた。

この頃《ころ》、朝鮮《ちょうせん》において、日本《にほん》と朝鮮《ちょうせん》の武力衝突《ぶりょくしょうとつ》が起《お》こったと、隆盛《たかもり》の耳《みみ》に入《はい》ってきた。

日本《にほん》の軍艦《ぐんかん》が、朝鮮西岸海域《ちょうせんせいがんかいいき》を測量中《そくりょうちゅう》に、朝鮮《ちょうせん》の砲台《ほうだい》と交戦《こうせん》したというのだ。

朝鮮《ちょうせん》から先制砲撃《せんせいほうげき》されたとして、日本軍《にほんぐん》は朝鮮半島《ちょうせんはんとう》に上陸《じょうりく》、砲台《ほうだい》を占領《せんりょう》したという。

しかも守備兵《しゅびへい》を殺害《さつがい》して、武器《ぶき》や物品《ぶっぴん》まで略奪《りゃくだつ》したとも伝《つた》わってきた。

さらに日本軍《にほんぐん》は、朝鮮《ちょうせん》が砲撃《ほうげき》してきた責任《せきにん》を問《と》い、その交渉《こうしょう》のために朝鮮《ちょうせん》に開国《かいこく》を迫《せま》った。

その結果《けっか》、朝鮮《ちょうせん》は開国《かいこく》して、翌年《よくねん》「日朝修好条規《にっちょうしゅうこうじょうき》」が結《むす》ばれたという。

この事件《じけん》にも、隆盛《たかもり》は怒《いか》った。

「朝鮮《ちょうせん》を弱国《じゃっこく》とあなどり、長年《ながねん》の日朝交流《にっちょうこうりゅう》を無視《むし》した卑劣《ひれつ》な挑発《ちょうはつ》だ。測量《そくりょう》するなら、まず朝鮮《ちょうせん》の同意《どうい》を得《え》るべきだった！」と、隆盛《たかもり》は、ともに鹿児島《かごしま》に帰《かえ》った仲間《なかま》たち、村田新八《むらたしんぱち》や桐野《きりの》らと明治政府《めいじせいふ》を批判《ひはん》した。

平和的《へいわてき》な隆盛《たかもり》の遣韓論《けんかんろん》を切《き》り捨《す》てておきながら、他国領土《たこくりょうど》に勝手《かって》に近《ちか》づき、朝鮮《ちょうせん》から砲《ほう》撃《げき》させておいて、脅《おど》しのような手《て》で開国《かいこく》させるなど、あまりに卑劣《ひれつ》だと、隆盛《たかもり》はどうしても許《ゆる》せなかったのだ。

そんな明治政府《めいじせいふ》に、反旗《はんき》ののろしを上《あ》げる士族《しぞく》の反乱《はんらん》がまた起《お》こった。

明治九年《めいじねん》（一八七六年《ねん》）十月《がつ》二十四日、旧肥後藩《かきゅうひごはん》（現在《げんざい》の熊本県《くまもとけん》）の士族《しぞく》百七十名《めい》による「神風連《じんぷうれん》の乱《らん》」である。

その神風連《じんぷうれん》の乱《らん》に呼応《こおう》して、旧秋月藩《きゅうあきづきはん》（現在《げんざい》の福岡県朝倉市秋月《ふくおかけんあさくらしあきづき》）の士族《しぞく》ら四百名《めい》によって起《お》こされたのが「秋月《あきづき》の乱《らん》」である。

さらに同年《どうねん》、旧長州藩《きゅうちょうしゅうはん》（現在《げんざい》の山口県《やまぐちけん》）にても、士族《しぞく》二千名《めい》を超《こ》える「萩《はぎ》の乱《らん》」が起《お》こったが、明治政府《めいじせいふ》の討伐軍《とうばつぐん》は、それらを個々撃破《ここげきは》した。

萩《はぎ》の乱《らん》の首謀者《しゅぼうしゃ》は斬首《ざんしゅ》、懲役《ちょうえき》となったが、処分《しょぶん》し切《き》れなかった放免《ほうめん》は、二千名《めい》にのぼったともいう。

それらの知《し》らせに、隆盛《たかもり》は無言《むごん》を守《まも》っていた。

というのは、この鹿児島《かごしま》へ帰《かえ》ってから、隆盛《たかもり》や桐野利秋《きりのとしあき》らは、戊辰戦争《ぼしんせんそう》で受《う》けた賞典禄《しょうてんろく》を元手《もとで》にして、若者《わかもの》たちのための私学校《しがっこう》を設立《せつりつ》し、この国《くに》の若者《わかもの》を育《そだ》てていたからだ。

その私学校《しがっこう》には、銃隊学校《じゅうたいがっこう》と砲隊学校《ほうたいがっこう》があって、隆盛《たかもり》とともに鹿児島《かごしま》へ帰《かえ》った村田新八《むらたしんぱち》、篠原国幹《しのはらくにもと》なども若者《わかもの》の指導《しどう》をしていた。

私学校《しがっこう》の分校《ぶんこう》は、鹿児島県下《かごしまけんか》に百三十六もあり、優秀《ゆうしゅう》な生徒《せいと》を欧州《おうしゅう》へ留学《りゅうがく》させるなど、前向《まえむ》きに西欧文化《せいおうぶんか》を取《と》り入《い》れ、列強《れっきょう》に支配《しはい》されない強靭《きょうじん》な軍隊《ぐんたい》を目指《めざ》していた。

その経営費《けいえいひ》に、旧薩摩藩《きゅうさつまはん》から県庁《けんちょう》に引《ひ》き継《つ》がれた巨額《きょがく》の積立金《つみたてきん》があてられていたのは、藩主《はんしゅ》に代《か》わって鹿児島県令《かごしまけんれい》（県知事《けんちじ》）となった者《もの》が旧薩摩藩士《きゅうさつまはんし》であったからである。

このとき、鹿児島県《かごしまけん》は、新政府《しんせいふ》に租税《そぜい》を納《おさ》めず、あたかも日本《にほん》のなかの独立国《どくりつこく》のような県《けん》になってしまっていたのだ。

これに、新政府内《しんせいふない》の長州派閥《ちょうしゅうはばつ》、木戸孝允《きどたかよし》らが「鹿児島《かごしま》の私学校《しがっこう》は、反政府軍《はんせいふぐん》を養成《ようせい》しているのではないのか」と、隆盛《たかもり》と同郷《どうきょう》の大久保《おおくぼ》を追及《ついきゅう》するようになっていると、政府内《せいふない》に残《のこ》った者《もの》からも伝《つた》わってきていた。

そんな状態《じょうたい》であったので、隆盛《たかもり》は各地《かくち》で頻発《ひんぱつ》する士族反乱《しぞくはんらん》に危機《きき》を感《かん》じて、私学校《しがっこう》の若《わか》者《もの》たちの暴発《ぼうはつ》こそを恐《おそ》れていたのだ。

戊辰戦争《ぼしんせんそう》のために、東西《とうざい》の若者《わかもの》の命《いのち》がどれほど戦場《せんじょう》に消《き》えたかを思《おも》えば、もう決《けっ》して、同《おな》じことを繰《く》り返《かえ》してはならないと感《かん》じ、隆盛《たかもり》は軍兵《ぐんぴょう》を養成《ようせい》する私学校《しがっこう》だけでなく、「吉《よし》野開墾社《のかいこんしゃ》」という開墾事業《かいこんじぎょう》も始《はじ》めていた。

火山灰《かざんばい》が堆積《たいせき》したシラス台地《だいち》のせいもあって、やせた土地《とち》の多《おお》いこの地《ち》の農民《のうみん》のためにも、なんとか開墾《かいこん》して、貧《まず》しい人々《ひとびと》を救《すく》いたかったからである。

一方《いっぽう》で、「開墾《かいこん》は、人間《にんげん》の心《こころ》を開墾《かいこん》することじゃ」と言《い》って、若者《わかもの》の心身《しんしん》の教育《きょういく》も目指《めざ》していた。

そのなかで、隆盛《たかもり》も農民《のうみん》の一人《ひとり》として、若者《わかもの》たちとともに鍬《くわ》をふるった。老《お》いも若《わか》きもともに学《まな》び、ともに国《くに》を築《きず》く。隆盛《たかもり》はそういう気持《きも》ちであった。

そして、かつては「人斬《ひとき》り半次郎《はんじろう》」と呼《よ》ばれた桐野利秋《きりのとしあき》もまた、ともに鍬《くわ》をふるっていた。隆盛《たかもり》も桐野《きりの》も、おだやかだが、この国《くに》の未来《みらい》をにらんだ暮《く》らしを始《はじ》めていたのだ。

だが、若者《わかもの》の暴発《ぼうはつ》は、思《おも》わぬことから始《はじ》まった。

大久保利通《おおくぼとしみち》から厚《あつ》い信任《しんにん》を受《う》け、不平士族《ふへいしぞく》を探《さぐ》っていた新政府《しんせいふ》の大警視総監《だいけいしそうかん》が、薩摩出身《さつましゅっしん》の二十四名《めい》もの警察官《けいさつかん》を、帰郷《ききょう》に見《み》せかけて鹿児島《かごしま》に送《おく》りこんでいたのだ。

その警官《けいかん》らは、不平士族《ふへいしぞく》やその結《むす》びつきを調《しら》べたりしていたが、あるとき、私学校側《しがっこうがわ》は、新政府《しんせいふ》から彼《かれ》らに届《とど》いた電報《でんぽう》を手《て》に入《い》れた。

その文面《ぶんめん》は、「ボウズ　ヲ　シサツセヨ」とあった。

ボウズとは、間違《まちが》いなく坊主頭《ぼうずあたま》の西郷吉之助隆盛《さいごうきちのすけたかもり》を指《さ》していた。

では、シサツセヨとは、視察《しさつ》せよなのか、刺殺《しさつ》せよなのか。

私学校《しがっこう》の教師《きょうし》にも、学生《がくせい》にも、緊張《きんちょう》が走《はし》った。

そして、私学校学生団《しがくこうがくせいだん》が、私学校《しがっこう》を探《さぐ》っている複数《ふくすう》の警官《けいかん》を捕《と》らえたのだ。

捕《と》らえられ、逆《ぎゃく》に取《と》り調《しら》べを受《う》けた警官《けいかん》のなかに、「大久保《おおくぼ》が西郷《さいごう》を暗殺《あんさつ》するよう指示《しじ》した」と自白《じはく》した者《もの》がいた。

その自白書《じはくしょ》に、私学校《しがっこう》の若者《わかもの》たちは怒《いか》り、いきりたった。

そして、明治《めいじ》十年《ねん》（一八七七年《ねん》）、一月《がつ》、私学校《しがっこう》の学生《がくせい》らが、鹿児島《かごしま》にある政府《せいふ》の陸軍《りくぐん》火薬庫《かやくこ》を襲撃《しゅうげき》、火薬庫《かやくこ》にあった武器《ぶき》を略奪《りゃくだつ》したのだ。


このときには、隆盛《たかもり》は、山《やま》で狩猟《しゅりょう》をしていた。

そこへ、一部《いちぶ》の学生《がくせい》らと報告《ほうこく》にやって来《き》た桐野利秋《きりのとしあき》から、火薬庫襲撃《かやくこしゅうげき》を聞《き》いた隆盛《たかもり》は、

「なんとっ、しもうた！　おいの仕事《しごと》は終《お》わってしもうた……！」とつぶやいた。

「おはんら、何《なん》たることをしでかしてくれたかっ！」

怒《いか》って怒鳴《どな》りつけてしまったが、むしろ、自分《じぶん》がいない方《ほう》がいいだろうと、私学校《しがっこう》を出《で》て温泉《おんせん》や山《やま》にこもっていたことに、「おいが、うかつであった！」と、頭《あたま》を抱《かか》えた。

留守《るす》の間《あいだ》に、隆盛《たかもり》がもっとも恐《おそ》れたことが起《お》こってしまったのだ。

「西郷先生《さいごうせんせい》！　学生《がくせい》はみな、西郷先生《さいごうせんせい》を父《ちち》のように慕《した》っております。その父《ちち》を殺《ころ》そうとする新政府《しんせいふ》など、決《けっ》して許《ゆる》せませんっ」

「列強《れっきょう》に負《ま》けぬ国《くに》づくりのための新政府《しんせいふ》と信《しん》じて、我々《われわれ》は新政府《しんせいふ》にも従《したが》ってまいりました。それも、ここに、西郷先生《さいごうせんせい》がいらしたからこそです！」

学生《がくせい》らのなかから、ひたむきで、まっすぐな声《こえ》が聞《き》こえた。

隆盛《たかもり》は、その若《わか》き二人《ふたり》を見《み》た。

洋装《ようそう》、断髪《だんぱつ》が多《おお》くなった今《いま》も、昔《むかし》ながらの二刀《にとう》をおびた若侍《わかざむらい》であった。

「おお、おんしらは、庄内藩《しょうないはん》の伴兼之《ばんかねゆき》と榊原政治《さかきばらまさはる》じゃの！」

隆盛《たかもり》の顔《かお》がやわらかくゆるんだ。

「はい、西郷先生《さいごうせんせい》の私学校《しがっこう》に入学《にゅうがく》を許《ゆる》され、国《くに》もとの家族《かぞく》もみな喜《よろこ》んでおります」

いまだ十八歳《さい》の榊原《さかきばら》が言《い》った。

「戊辰戦争《ぼしんせんそう》において、幕府方《ばくふかた》であった庄内藩《しょうないはん》が救《すく》われたのも、みな、西郷先生《さいごうせんせい》のおかげです。こたび、火薬庫襲撃《かやくこしゅうげき》が起《お》こって、私学校《しがっこう》の先生方《せんせいがた》からは、急《いそ》ぎ、国《くに》もとへ帰《かえ》るように言《い》われましたが、われら、帰《かえ》れと命《めい》じられるならば、腹《はら》を切《き》る覚悟《かくご》です。西郷先生《さいごうせんせい》とともに、戦《たたか》わせてください！」

二十歳《はたち》の伴《ばん》が切《き》れ上《あ》がった目《め》に涙《なみだ》をためて言《い》う。

その目《め》に打《う》たれつつ、隆盛《たかもり》は二人《ふたり》に言《い》った。

「いや、こんなこつに、おんしらをまきこみとうなか。どうか、国《くに》もとへ帰《かえ》ってくれ」

隆盛《たかもり》は頭《あたま》を下《さ》げていた。

「……お役《やく》に立《た》てぬなら、腹《はら》を切《き》ります！」

榊原《さかきばら》が泣《な》きながら言《い》うのに、畑仕事《はたけしごと》で日《ひ》に焼《や》けた桐野《きりの》が微笑《ほほえ》んだ。

「西郷《さいごう》どん、だっれも、もう逃《に》げられん。逃《に》げられんなら、打《う》って出《で》っしかなか！」

「こうなったら、学生《がくせい》らを応援《おうえん》してやっしかなか！」

遅《おく》れてやって来《き》た村田新八《むらたしんぱち》も言《い》う。

隆盛《たかもり》は、かつて久光《ひさみつ》に遠島《えんとう》を命《めい》じられたときを思《おも》い出《だ》した。

あのときも、「こうなったら、どけでん、行《い》っしかなか！」と言《い》った新八《しんぱち》。

隆盛《たかもり》とともに島流《しまなが》しにあった新八《しんぱち》を遠島先《えんとうさき》、喜界島《きかいじま》から連《つ》れ戻《もど》し、新政府《しんせいふ》の参議《さんぎ》としたのも隆盛《たかもり》だった。

どういうときも、「どけでん、行《い》っしかなか!」とでもいうように、隆盛《たかもり》に従《したが》ってくれた新八《しんぱち》を思《おも》えば、隆盛《たかもり》も腹《はら》を決《き》めるしかなかった。

「そうじゃな。火薬庫《かやくこ》の扉《とびら》はすでに開《あ》けられてしもうた。こっから火薬《かやく》が飛《と》ぼうが、天下《てんか》を騒《さわ》がそうが、行《い》けるとこまで行《い》っしかなかとう」

隆盛《たかもり》は、おのれの身《み》を、学生《がくせい》たちに預《あず》ける決意《けつい》を固《かた》めたのだった。

十、武士《ぶし》の魂《たましい》

明治《めいじ》十年《ねん》(一八七七年《ねん》)、二月《がつ》、西郷隆盛《さいごうたかもり》を首領《しゅりょう》にあおいだ一万三千あまりの私学校党《しがっこうとう》は、鹿児島《かごしま》から進発《しんぱつ》した。

これを西南戦争《せいなんせんそう》と呼《よ》ぶ。

このとき、西郷軍《さいごうぐん》は、周辺士族《しゅうへんしぞく》の一万、薩摩《さつま》、日向《ひゅうが》、大隅《おおすみ》など三州《しゅう》の旧薩摩藩士族《きゅうさつまはんしぞく》一万を加《くわ》え、三万三千あまりの兵力《へいりょく》となった。

これには、隆盛《たかもり》と愛加那《あいかな》の長男《ちょうなん》、留学《りゅうがく》から帰《かえ》っていた菊次郎《きくじろう》も、ともに戦《たたか》う桐野《きりの》の隊《たい》に入《はい》った。

「今般政府《こんぱんせいふ》に、尋問《じんもん》の筋《すじ》これあり！」

私学党軍《しがくとうぐん》がかかげたこの訴《うった》えは、鹿児島《かごしま》、九州《きゅうしゅう》だけではなく、明治《めいじ》の世《よ》の日本国中《にほんこくじゅう》を騒《さわ》がせた。

遠《とお》く明治政府《めいじせいふ》のある東京《とうきょう》でも、庶民《しょみん》はおどろき、かつ沸《わ》いた。

勝海舟《かつかいしゅう》と西郷隆盛《さいごうたかもり》のおかげで、江戸《えど》の町並《まちなみ》を残《のこ》した東京《とうきょう》の銭湯《せんとう》では、かつての江戸《え》っ子《こ》たちはかまびすしかった。

「待《ま》ってました！」と喜《よろこ》ぶ者《もの》、「こりゃあ、どうしたって、西郷《さいごう》どんに勝《か》ってもらわねばっ」という者《もの》は男《おとこ》だけではなく、女湯《おんなゆ》であっても大騒《おおさわ》ぎであったというから、いかに西《さい》郷人気《ごうにんき》が高《たか》かったかとも言《い》えるが、実《じつ》のところ、薩長主導《さっちょうしゅどう》の明治政府《めいじせいふ》に、いかに憤懣《ふんまん》が重《かさ》なっていたかという事実《じじつ》でもあった。

それらの声《こえ》が聞《き》こえる明治政府《めいじせいふ》から、鹿児島《かごしま》へ派遣《はけん》された政府軍《せいふぐん》は五万八千あまりの軍《ぐん》兵《びょう》だった。さらに政府《せいふ》は、海軍《かいぐん》の軍艦《ぐんかん》七隻《せき》までを出動《しゅつどう》させていた。

だが、政府《せいふ》の征討軍《せいとうぐん》といっても、まだようやく徴兵令《ちょうへいれい》の施行《しこう》が始《はじ》まったばかりで、各隊《かくたい》には戦《たたか》いなれた士族兵《しぞくへい》が少《すく》なく、戦闘《せんとう》など初体験《はったいけん》の徴兵《ちょうへい》も多《おお》かったので、士気《しき》はそれほど高《たか》くはなかった。

一方《いっぽう》、鹿児島《かごしま》では、私学党兵《しがくとうへい》らに、旧薩摩兵《きゅうさつまへい》などを加《くわ》えた西郷軍《さいごうぐん》は士気高《しきたか》く、隆盛《たかもり》は、陸軍大将《りくぐんたいしょう》の正装《せいそう》に身《み》をかためて、閲兵《えっぺい》を行《おこな》っていた。

「うおおっおぉぉぉぉ――――っ」

天空《てんくう》に響《ひび》き渡《わた》る兵団《へいだん》の鬨《とき》の声《こえ》に、隆盛《たかもり》はゆったりと応《こた》えた。

このとき、隆盛《たかもり》は、ふたたび率《ひき》いることになった若者《わかもの》たちを、ただ、黒《くろ》ダイヤのような目《め》で見渡《みわた》し、うなずいてはいたが、その瞳《ひとみ》はうるんでいた。

（もう、おいはどうなってんよか。こん若者《わかもの》らを生《い》かす政治《せいじ》を頼《たの》むぞ、一蔵《いちぞう》どんっ！）

心深《こころふか》くで、隆盛《たかもり》は、大久保《おおくぼ》の顔《かお》を思《おも》い浮《う》かべていたのだ。

少年時代《しょうねんじだい》からの幼《おさな》なじみであり、いつも互《たが》いに相談《そうだん》し合《あ》ってきたのが、大久保《おおくぼ》との青春《せいしゅん》であった。

その流《なが》れのなかに薩摩藩《さつまはん》があり、斉彬《なりあきら》がいて、やがて久光《ひさみつ》の世《よ》になって、討幕運動《とうばくうんどう》があり、戊辰戦争《ぼしんせんそう》があった。

時代《じだい》の嵐《あらし》か、隆盛《たかもり》は竜巻《たつまき》に巻《ま》かれるように遠島《えんとう》になったりしたが、その間《あいだ》、久光《ひさみつ》に仕《つか》えた大久保《おおくぼ》が久光《ひさみつ》を説《と》き伏《ふ》せ、隆盛《たかもり》を呼《よ》びもどしてくれた。

思《おも》えば、隆盛《たかもり》と大久保《おおくぼ》は、呼《よ》びかわす鳥《とり》のように、互《たが》いに助《たす》け合《あ》って、この時代《じだい》を生《い》き抜《ぬ》いてきた。

隆盛《たかもり》は思《おも》った。

（いくたびも辛《つら》い目《め》に遭《あ》い、挫折《ざせつ》をへてこそ、人《ひと》の志《こころざし》は堅《かた》くなる。志《こころざし》を持《も》った男《おとこ》は玉《たま》と砕《くだ》け散《ち》っても、輝《かがや》きのない瓦《かわら》のごとくに生《い》きるのを恥《は》じる。砕《くだ》け散《ち》ってもよい。この若者《わかもの》たちを見捨《みす》てることはできぬ！）と。

この挙兵出陣《きょへいしゅつじん》の日《ひ》、隆盛《たかもり》の出陣《しゅつじん》を見送《みおく》りに来《き》たのが桂久武《かつらひさたけ》であった。

このとき、久武《ひさたけ》は鍬《くわ》を手《て》にしていたが、「西郷《さいごう》どん！　ちと待《ま》ってくれっ」といい、刀《かたな》を取《と》りに行《い》ってまで、そのまま従軍《じゅうぐん》した。

西南戦争《せいなんせんそう》と呼《よ》ばれたこの戦《たたか》いに、大阪《おおさか》にいた有馬藤太《ありまとうた》も、隆盛《たかもり》の元《もと》へかけつけようとしたが、牢獄《ろうごく》にとらわれてしまったと、聞《き》こえてきた。

いかに政府《せいふ》が、警視庁《けいしちょう》が、隆盛《たかもり》の周囲《しゅうい》を探《さぐ》らせていたかが、このときにもわかった。

だが、独立国《どくりつこく》のような鹿児島《かごしま》には、次々《つぎつぎ》兵士《へいし》が集《あつ》まってきた。

これら兵団《へいだん》の中《なか》には、シルクハットにフロックコート姿《すがた》の村田新八《むらたしんぱち》もいた。音楽《おんがく》を愛《あい》する新八《しんぱち》は、正六角形《せいろっかくけい》の手風琴《てふうきん》と呼《よ》ばれたアコーディオンをたずさえての従軍《じゅうぐん》であった。

新八《しんぱち》はその姿《すがた》で、この戦争《せんそう》を戦《たたか》い抜《ぬ》くことになるが、隆盛《たかもり》はこのときから、軍《ぐん》の采配《さいはい》などをせず、多《おお》くの指揮《しき》は、各部隊《かくぶたい》の隊長《たいちょう》に任《まか》せた。

かつて、討幕軍《とうばくぐん》の指揮官《しきかん》と言《い》えば、誰《だれ》から見《み》ても「薩摩《さつま》の大西郷《だいさいごう》」であった。

だが、今《いま》の隆盛《たかもり》は指揮官《しきかん》というより、戦《たたか》いの象徴《しょうちょう》であったのかもしれない。

いや、隆盛《たかもり》は天《てん》に任《まか》せたのだ。

かつて、月照《げっしょう》だけを死《し》なせて生《い》き返《かえ》ったあのとき、大久保《おおくぼ》に言《い》った言葉《ことば》そのままに、隆《たか》盛《もり》は思《おも》っていた。


「天《てん》が生《い》き返《かえ》らせたんなら、天《てん》の命《めい》ずっまま、生《い》きっしかあらんめえ」……と。

西郷軍《さいごうぐん》はまず熊本城《くまもとじょう》を攻《せ》めた。

新政府軍《しんせいふぐん》が、私学党軍《しがくとうぐん》の征伐《せいばつ》に乗《の》り出《だ》してくる前《まえ》に、本営《ほんえい》とする城《しろ》をとらねばならなかったのだ。

かつて、熊本城《くまもとじょう》は、前年《ぜんねん》の神風連《じんぷうれん》の乱《らん》にて、反乱軍《はんらんぐん》に攻《せ》め込《こ》まれた城《しろ》でもあった。

そのときは、新政府軍《しんせいふぐん》が駆《か》けつけて反乱軍《はんらんぐん》は制圧《せいあつ》されたが、西郷軍《さいごうぐん》の指揮官《しきかん》らは、今《いま》なら熊本城《くまもとじょう》を落《お》とせると考《かんが》えたのだ。

隆盛《たかもり》は、その指揮《しき》、作戦《さくせん》のすべてを、各隊《かくたい》の指揮官《しきかん》にゆだねた。

だが、城攻《しろぜ》めは、思《おも》わぬ激戦《げきせん》となった。

しかも、西郷軍《さいごうぐん》にいた隆盛《たかもり》の末弟《まってい》小兵衛《こへえ》は、この城攻《しろぜ》めの戦《たたか》いで、政府軍《せいふぐん》に胸部《きょうぶ》を撃《う》ち抜《ぬ》かれ、あっけなく戦死《せんし》した。

明治《めいじ》十年《ねん》（一八七七年《ねん》）二月《がつ》二十七日《にち》、西郷《さいごう》小兵衛《こへえ》、西南戦争《せいなんせんそう》において戦死《せんし》。三十一歳《さい》であった。

二男《じなん》の弟《おとうと》、いや、隆盛《たかもり》が「おはんこそが兄《あに》だ」と讃《たた》えた吉二郎《きちじろう》を戊辰戦争《ぼしんせんそう》で亡《な》くしたときには、ひそかに泣《な》き通《とお》した隆盛《たかもり》であったが、このときは涙《なみだ》を見《み》せなかった。

隆盛《たかもり》が率《ひき》いる若者《わかもの》は、今《いま》は、小兵衛《こへえ》だけではなかったからだ。

（どん若者《わかもの》であってん、おいの子《こ》だ……！）と、隆盛《たかもり》は思《おも》っていた。

城《しろ》はとれぬまま、同年三月四日《どうねんがつかか》、攻《せ》めよせた政府軍《せいふぐん》の狙撃《そげき》によって、かつて近衛長官《このえちょうかん》まで務《つと》めた西郷軍《さいごうぐん》の指揮官《しきかん》の一人《ひとり》、篠原国幹《しのはらくにもと》が四十一歳《さい》で戦死《せんし》してしまった。

その後《ご》の転戦《てんせん》では、徴兵軍《ちょうへいぐん》である政府軍《せいふぐん》を、薩摩士族《さつましぞく》で固《かた》めた西郷軍《さいごうぐん》が圧倒《あっとう》して、善戦《ぜんせん》したこともあった。

だが、田原坂《たばるざか》の激戦《げきせん》では、突撃《とつげき》して切《き》り込《こ》んで来《く》る旧薩摩藩士《きゅうさつまはんし》らに手《て》を焼《や》いた政府軍《せいふぐん》が、旧会津藩士《きゅうあいづはんし》など剣技《けんぎ》に優《すぐ》れた三百名《めい》を集《あつ》めてきて、「警視庁抜刀隊《けいしちょうばっとうたい》」として襲《おそ》いかかってきた。

そうやって、ここまでの剣技《けんぎ》の不利《ふり》を押《お》し返《かえ》した「警視庁抜刀隊《けいしちょうばっとうたい》」には、旧幕軍《きゅうばくぐん》の剣士《けんし》や新選組《しんせんぐみ》の生《い》き残《のこ》りも加《くわ》わっていたという。

だが、隆盛《たかもり》は、それらの人々《ひとびと》に恨《うら》みは持《も》たなかった。

(官軍《かんぐん》が賊軍《ぞくぐん》となり、また官軍《かんぐん》になる。政治《せいじ》とはいったい何《なん》なんじゃろう……？　おいがやってきたことも同《おな》じじゃ。官《かん》と呼《よ》ばれようと、賊《ぞく》と呼《よ》ばれようと、天《てん》だけは知《し》っちょる。武士《ぶし》の胸《むね》ん中《なか》にある宝玉《ほうぎょく》が曇《くも》っちょるか、光《ひかり》を放《はな》っちょるかを……)

そう思《おも》い直《なお》せば、今《いま》は亡《な》き斉彬《なりあきら》の笑顔《えがお》と言葉《ことば》までが浮《う》かんできた。

（吉之助《きちのすけ》はまだ若《わか》く、それゆえ世情《せじょう》のあかにまみれることなく、まっすぐで正直者《しょうじきもの》じゃ。あやつは、わしの掌中《しょうちゅう》の珠《たま》じゃ）

今《いま》も聞《き》こえる気《き》がするその言葉《ことば》が、このときの隆盛《たかもり》を支《ささ》えていた。

そのときだった。

砲撃《ほうげき》を受《う》けて撤退《てったい》する西郷軍《さいごうぐん》の後方《こうほう》から、負傷兵《ふしょうへい》らしき者《もの》を背負《せお》ってくる者《もの》がいた。

「どげんした？」

隆盛《たかもり》はたまらず声《こえ》をかけた。

と、涙《なみだ》でぐしゃぐしゃになった顔《かお》をあげたのは、庄内《しょうない》の榊原政治《さかきばらまさはる》であった。

「まさか、伴《ばん》か⁉」

隆盛《たかもり》は榊原《さかきばら》が背負《せお》った負傷者《ふしょうしゃ》を抱《だ》き取《と》って聞《き》いた。

血《ち》にまみれ、人相《にんそう》もわからぬ伴《ばん》は、すでに息絶《いきた》えていた。

「戦場《せんじょう》から遺体《いたい》を背負《せお》ってきたんか……？」

隆盛《たかもり》は榊原《さかきばら》にたずねた。

榊原《さかきばら》はこたえられず、ただ泣《な》いた。

「わかった。連《つ》れていってやろう」

隆盛《たかもり》は幼《おさな》い子《こ》をなだめるように言《い》って、伴《ばん》を自《みずか》らかついだ。

「……あ」

この戦《たたか》いの象徴《しょうちょう》ともいうべき隆盛《たかもり》にかつがれた伴《ばん》の遺体《いたい》に、榊原《さかきばら》はさらに号泣《ごうきゅう》した。

決《けっ》して泣《な》くまいと思《おも》っていた隆盛《たかもり》の目《め》もうるんでいたが、泣《な》くことはなかった。

私学校《しがっこう》には、いまだ十四、五歳《さい》の学生《がくせい》もいたのだ。

（こん子《こ》どもらこそ、おいの掌中《しょうちゅう》の珠《たま》じゃ！）

歯《は》を食《く》いしばった隆盛《たかもり》の胸深《むねふか》くには、熱《あつ》い思《おも》いが込《こ》み上《あ》げていた。

この戦《たたか》いにおいて、西郷軍《さいごうぐん》が何《なに》より不利《ふり》だったのは武器《ぶき》、弾薬《だんやく》の不足《ふそく》であった。

政府軍《せいふぐん》の撃《う》つ数《すう》百発《ぱつ》もの弾道《だんどう》のすきまに西郷軍《さいごうぐん》が撃《う》てるのは百発《ぱつ》にも満《み》たず、せいぜい数《すう》十発《ぱつ》であった。

武器弾薬《ぶきだんやく》の補給路《ほきゅうろ》を断《た》たれた西郷軍《さいごうぐん》の弾薬《だんやく》は減《へ》る一方《いっぽう》だったのだ。

多勢《たぜい》に無勢《ぶぜい》、さらに武器《ぶき》、弾薬《だんやく》もないなか、西郷軍《さいごうぐん》は奮戦《ふんせん》し、隆盛《たかもり》もまた、政府《せいふ》の大軍《たいぐん》を前《まえ》にして戦《たたか》い続《つづ》けた。

一方《いっぽう》で、転戦《てんせん》を繰《く》り返《かえ》す西郷軍《さいごうぐん》は、少人数《しょうにんずう》ながら政府軍《せいふぐん》を不意打《ふいう》ちにして、退却《たいきゃく》させ、敵《てき》から三万発《はつ》の銃弾《じゅうだん》や大砲《たいほう》を奪《うば》ったりもした。

だが、それは、消《き》える前《まえ》のろうそくの火《ひ》が一瞬明《いっしゅんあか》るくなるのに似《に》て、もう勝敗《しょうはい》は見《み》えていた。

西郷軍《さいごうぐん》がいっとき陣《じん》をおいた球磨盆地《くまぼんち》（現在《げんざい》の熊本県南部《くまもとけんなんぶ》）の人吉《ひとよし》では、政府軍《せいふぐん》は住民《じゅうみん》を避難《ひなん》さえさせず、城下町《じょうかまち》まで砲撃《ほうげき》してきた。

この人吉《ひとよし》の戦《たたか》いで、いまだ十八歳《さい》の榊原政治《さかきばらまさはる》も重傷《じゅうしょう》を負《お》って、延岡《のべおか》の病院《びょういん》へかつぎこまれた。

だが、隆盛《たかもり》はそれを見舞《みま》ってやることもできなかった。

伴《ばん》の遺体《いたい》を守《まも》り抜《ぬ》いた榊原《さかきばら》を病院《びょういん》においたまま、政府軍《せいふぐん》に包囲《ほうい》された隆盛《たかもり》は、ついに軍内《ぐんない》に、直筆《じきひつ》の解散命令《かいさんめいれい》を出《だ》した。

「決戦《けっせん》を挑《いど》むにあたって、去《さ》りたい者《もの》は去《さ》れ」と。

たった一人《ひとり》でも二人《ふたり》でも、隆盛《たかもり》は、若者《わかもの》に生《い》きてほしかった。

守《まも》ってやれなかった榊原《さかきばら》や伴《ばん》を思《おも》ってこのとき、隆盛《たかもり》は、猟《りょう》にも、戦《たたか》いにも連《つ》れていた二頭《とう》の犬《いぬ》を野《の》に放《はな》した。

「生《い》きれやっ」と、声《こえ》をかけて。

妻《つま》の糸子《いとこ》がいる家《いえ》には、まだ数頭《すうとう》の犬《いぬ》がいる。

「無事《ぶじ》、そこへ帰《かえ》ってくれ……」とも祈《いの》った。

それは、若者《わかもの》に生《い》きてほしいと願《ねが》うのと同《おな》じ気持《きも》ちであった。

だが、今《いま》となれば、糸子《いとこ》を残《のこ》した隆盛《たかもり》の自宅《じたく》もどうなっているかわからなかった。

愛加那《あいかな》との長男《ちょうなん》、菊次郎《きくじろう》も隆盛《たかもり》とともに西郷軍《さいごうぐん》にあったが、このときには、片足《かたあし》を負傷《ふしょう》して、膝《ひざ》から下《した》を切断《せつだん》してしまったため、指揮官《しきかん》、桐野利秋《きりのとしあき》が、西郷家《さいごうけ》の従僕《じゅうぼく》、熊吉《くまきち》に菊《きく》次郎《じろう》を背負《せお》わせ、新政府軍《しんせいふぐん》へ投降《とうこう》させていた。

（……一蔵《いちぞう》どん、おはんは、ないごて、こげん命《いのち》を散《ち》らす？　他《ほか》に道《みち》はなかったんか……）

それは、おのれにも聞《き》きたかったたし、大軍《たいぐん》をよこすだけの血《ち》も涙《なみだ》もないような大久保《おおくぼ》にも聞《き》きたかった。

敗走《はいそう》に敗走《はいそう》を重《かさ》ねた西郷軍《さいごうぐん》は、気《き》づけば、三万三千あまりだった味方《みかた》は三千人《にん》ばかりになっていた。

鹿児島《かごしま》の城山《しろやま》に陣《じん》をしいた戦《たたか》いでは、隆盛《たかもり》にとって、かけがえのない友人《ゆうじん》であり同志《どうし》であった旧薩摩藩士《きゅうさつまはんし》、桂久武《かつらひさたけ》が銃撃《じゅうげき》されて傷《きず》を負《お》い、同時《どうじ》に、隆盛《たかもり》も足《あし》と股《また》に銃《じゅう》による傷《きず》を負《お》った。

銃撃《じゅうげき》の傷《きず》の痛《いた》みは、時《とき》として気《き》が遠《とお》くなる。

このままでは、戦闘中《せんとうちゅう》、気《き》を失《うしな》うかもしれず、隆盛《たかもり》は、その夜《よる》の城山《しろやま》の洞《ほら》で、私学校《しがっこう》の仲間《なかま》と別《わか》れの宴《うたげ》を催《もよお》した。

下戸《げこ》の隆盛《たかもり》は気力《きりょく》で起《お》き上《あ》がり、同志《どうし》の一人一人《ひとりひとり》に酒《さけ》を注《そそ》いだ。

注《そそ》がれた酒《さけ》を飲《の》みほしつつ、桐野《きりの》が言《い》った。

「ここに、有馬藤太《ありまとうた》がおらんのは残念《ざんねん》じゃ。あいつは、官《かん》だの賊《ぞく》だのより、誠《まこと》の武士《ぶし》を見《み》る目《め》のある奴《やつ》じゃった。のう、別府《べっぷ》」

別府《べっぷ》が応《こた》えて、

「それは、おはんもそうじゃろう。会津《あいづ》が負《ま》けての開城《かいじょう》の日《ひ》、大泣《おおな》きに泣《な》いた男《おとこ》は、薩軍《さつぐん》では、おはんぐらいじゃ。人斬《ひとき》り半次郎《はんじろう》があれほど涙《なみだ》もろいとは、切《き》られた奴《やつ》らが、あの世《よ》でビックリしとるじゃろうよ」と、笑《わら》った。

隆盛《たかもり》も痛《いた》みをこらえつつ、

「そういや、海舟《かいしゅう》どんも言《い》うとった」と笑《わら》う。

「『今《いま》やったことが、成功《せいこう》か失敗《しっぱい》か、すぐわかるようではいかん』とな。『大馬鹿《おおばか》をやった奴《やつ》ほど、後《あと》で、偉《えら》いってことがわかってくるもんさ』……などとのう。あん人《ひと》は、まったく豪傑《ごうけつ》じゃった！」

それに、村田新八《むらたしんぱち》も応《こた》えた。

「……そういや、亡《な》くなった小松帯刀《こまったてわき》から聞《き》いたことがある。『西郷《さいごう》さんは、小《ちい》さく打《う》てば小《ちい》さく響《ひび》き、大《おお》きく打《う》てば大《おお》きく響《ひび》く。大《たい》した人《ひと》だ』と坂本龍馬《さかもとりょうま》が言《い》うとったそうな。龍馬《りょうま》が生《い》きちょったら、今《いま》の政府《せいふ》は変《か》わっていたかのう？」

みなの思《おも》い出話《でばなし》は尽《つ》きず、下戸《げこ》の隆盛《たかもり》も痛《いた》み止《ど》めにと、少々酒《しょうしょうさけ》を含《ふく》んだ。

城山《しろやま》の空《そら》には月《つき》がのぼって、こうこうと輝《かがや》いていた。

その夜《よる》こそ、政府軍《せいふぐん》による城山総攻撃《しろやまそうこうげき》の前夜《ぜんや》であったのだ。


やがて、村田新八《むらたしんぱち》はアコーディオンを奏《かな》でた。

雄々《おお》しく、されど哀調深《あいちょうぶか》き音色《ねいろ》が、城山《しろやま》の未明《みめい》の空《そら》に吸《す》いこまれてゆく。

静《しず》かに耳《みみ》を傾《かたむ》けていた隆盛《たかもり》は、やがて、そばにいた別府晋介《べっぷしんすけ》に声《こえ》をかけた。

「晋《しん》どん、もうよか……」と。

足《あし》と股《また》の負傷《ふしょう》で、もはや、隆盛《たかもり》は戦《たたか》うこともできない。

もう、その決意《けつい》しかなかったのだ。

そのための別《わか》れの宴《うたげ》でもあったと知《し》って、笑《わら》っていた別府《べっぷ》の切《き》れ上《あ》がった両眼《りょうがん》にみるみる涙《なみだ》があふれ出《だ》し、たまらず、別府《べっぷ》はぎゅっと目《め》を閉《と》じた。

深《ふか》く一呼吸《ひとこきゅう》した別府《べっぷ》は、静《しず》かに腰《こし》の大刀《たち》を抜《ぬ》き放《はな》って隆盛《たかもり》の背後《はいご》に立《た》った。

皇居《こうきょ》の方角《ほうがく》へ遠《とお》く合掌《がっしょう》し、隆盛《たかもり》はゆったりと切腹《せっぷく》の刃《やいば》を腹《はら》にあてた。

せつな、「御免《ごめん》なったもんしっ」と叫《さけ》ぶ別府《べっぷ》の白刃《しらは》がひらめく風《かぜ》を感《かん》じた。

その一瞬《いっしゅん》、時《とき》が止《と》まったかのように、隆盛《たかもり》の目《め》に、斉彬《なりあきら》の微笑《ほほえ》みが見《み》え、次々《つぎつぎ》、ひらめくように現《あらわ》れる若者《わかもの》らが、さざなみのように笑《わら》うのが見《み》えた。

そのなかには、伴《ばん》と榊原《さかきばら》の笑顔《えがお》もあった。

(西郷先生《せごせんせい》っ……)

学生《がくせい》らに呼《よ》ばれた気《き》がした。

せつな、隆盛《たかもり》の首《くび》が断《た》たれ、血《ち》しぶきとともに城山《しろやま》に落《お》ちた。

明治《めいじ》十年《ねん》(一八七七年《ねん》)九月《がつ》二十四日《か》。西郷吉之助《さいごうきちのすけ》隆盛《たかもり》、城山《しろやま》にて自決《じけつ》。

五十一歳《さい》であった。

その場《ば》でひざまずき、隆盛《たかもり》の最期《さいご》を見届《みとど》けた村田新八《むらたしんぱち》、桐野利秋《きりのとしあき》、介錯《かいしゃく》（切腹《せっぷく》に付《つ》き添《そ》い、首《くび》を切《き》る役目《やくめ》）した別府晋介《べっぷしんすけ》も、声《こえ》なく、ただ、はらはら、はらはら……と、涙《なみだ》を落《お》とすばかりであった。

その直後《ちょくご》、城山《しろやま》に残《のこ》った西郷軍《さいごうぐん》は、政府軍《せいふぐん》の弾雨《だんう》のなかを、一斉《いっせい》に突撃《とつげき》した。

その数《かず》、負傷者《ふしょうしゃ》含《ふく》めてわずか三百五十兵《へい》。

彼《かれ》らは弾雨《だんう》と戦闘《せんとう》において、ことごとく戦死《せんし》、刺《さ》し違《ちが》え、また自決《じけつ》した。

桐野《きりの》、別府《べっぷ》、村田《むらた》もまた命《いのち》を散《ち》らした。

ここに、最後《さいご》の薩摩武士団《さつまぶしだん》……いや、この国《くに》の武士《ぶし》の志《こころざし》が、散《ち》り敷《し》く桜木《さくらぎ》のごとく大地《だいち》を覆《おお》い、やがて山野《さんや》に朽《く》ちて消《き》えた。

この西南戦争《せいなんせんそう》の間《あいだ》、皇居《こうきょ》において、明治天皇《めいじてんのう》は一切《いっさい》の公務《こうむ》を拒否《きょひ》したと伝《つた》わっている。

そして、終戦後《しゅうせんご》、隆盛《たかもり》の死《し》を知《し》って深《ふか》く悲《かな》しみ、つぶやかれた。

「朕《ちん》は、殺《ころ》せとは言《い》わなかった」……と。

遺《のこ》された隆盛《たかもり》の妻《つま》、糸子《いとこ》は、夫《おっと》、隆盛《たかもり》をこう詠《よ》んだ。

ゆきに堪《た》へ
風《かぜ》もいとはず
君《きも》のため
いでゆく
人《ひと》の
ふかき
こころは

あとがき

西郷《さいごう》どんを書《か》くのは、難行《なんぎょう》でした。

なにより、明治維新《めいじいしん》の英雄《えいゆう》であるというだけかと思《おも》えば、西郷隆盛《さいごうたかもり》の人生《じんせい》は、あまりにきびしくつらく、波瀾万丈《はらんばんじょう》で、それは少年時代《しょうねんじだい》から始《はじ》まり、死《し》を迎《むか》えるそのときまで続《つづ》いて、ほとんど平穏《へいおん》らしい平穏《へいおん》が訪《おとず》れないからでした。

西郷隆盛《さいごうたかもり》の周囲《しゅうい》の人々《ひとびと》は、もう宇宙規模《うちゅうきぼ》といってもよいぐらい多彩《たさい》であり、恩師《おんし》、親友《しんゆう》の数《かず》も人並《ひとな》みではありませんでした。

さらに西郷《さいごう》の人生《じんせい》に深《ふか》くかかわってくる人々《ひとびと》の数《かず》も、敵味方《てきみかた》ともに、まるで、降《ふ》りしきる桜花《おうか》のように尽《つ》きないのです。

そのなか、誰《だれ》を選《えら》び取《と》って描《えが》くのかを考《かんが》えるだけで、この西郷《さいごう》どんの人生《じんせい》を規定内《きていない》におさめるなど、全《まった》く不可能《ふかのう》に思《おも》えました。

なので、こうして書《か》き終《お》えた今《いま》も、書《か》けなかった人々《ひとびと》の声《こえ》が聞《き》こえる気《き》がしています。

だからこそ、ここに書《か》き足《た》しておかねばならないこともあります。

当時《とうじ》、施行《しこう》された新政府《しんせいふ》の政策《せいさく》「神仏分離令《しんぶつぶんりれい》」があります。

この神仏分離令《しんぶつぶんりれい》によって、日本中《にほんじゅう》の文化財《ぶんかざい》、仏像《ぶつぞう》などが破壊《はかい》される騒動《そうどう》が起《お》こったのです。

神道《しんとう》と仏教《ぶっきょう》を分離《ぶんり》して、神宮《じんぐう》を天皇系神道《てんのうけいしんとう》のみにしようとした「神仏分離令《しんぶつぶんりれい》」は、あえて仏教《ぶっきょう》を排斥《はいせき》しようとしたものではなかったのですが、その結果《けっか》は、廃仏毀釈《はいぶつきしゃく》と呼《よ》ばれる文化財破壊運動《ぶんかざいはかいうんどう》を引《ひ》き起《お》こしてしまったのでした。

その廃仏毀釈《はいぶつきしゃく》は、日本全国《にほんぜんこく》の寺社《じしゃ》が被害《ひがい》に遭《あ》いましたが、なかでも、徹底《てってい》されてしまった薩摩《さつま》では、千六百十六もの寺院《じいん》が廃《はい》されたので、その跡地《あとち》や領地《りょうち》を、農地《のうち》として開拓《かいたく》したリーダーがいました。破壊《はかい》という負《ふ》を、正《せい》なる民《たみ》や士族《しぞく》の幸《しあわ》せに繋《つな》ごうとした者《もの》、それが、かつてお由羅騒動《ゆらそうどう》で切腹《せっぷく》を命《めい》じられた赤山靭負《あかやまゆきえ》の実弟《じってい》であり、隆盛《たかもり》の友人《ゆうじん》でもあった桂久武《かつらひさたけ》です。また、久武《ひさたけ》は鉱山開発《こうざんかいはつ》にも尽力《じんりょく》しました。

そして、これも書《か》いておかねばなりません。

戊辰戦争《ぼしんせんそう》でかかげられた「官軍《かんぐん》」をしめす錦旗《きんき》は、朝廷《ちょうてい》より差《さ》し下《くだ》されたものではなく、大久保《おおくぼ》、木戸《きど》などが、西陣《にしじん》に発注《はっちゅう》し織《お》り上《あ》げさせた錦旗《きんき》でした。これによって、薩長土肥《さっちょうどひ》軍《ぐん》とも呼《よ》ばれた反幕府軍《はんばくふぐん》は他藩《たはん》を大幅《おおはば》に巻《ま》き込《こ》んで、堂々《どうどう》たる官軍《かんぐん》となったのです。これは、法《ほう》としてどうだったかというより、彼《かれ》らの作戦勝《さくせんが》ちともいえるのかもしれません。

そうして、西南戦争《せいなんせんそう》の後《のち》のことです。

西郷《さいごう》の幼《おさな》なじみの大久保利通《おおくぼとしみち》は、西郷《さいごう》の死《し》から八か月後《げつご》、明治《めいじ》十一年《ねん》（一八七八年《ねん》）、五月《がつ》十四日《か》に暗殺《あんさつ》されました。

大久保《おおくぼ》は明治天皇《めいじてんのう》に謁見《えっけん》するため、二頭立《とうだ》ての馬車《ばしゃ》で赤坂仮皇居《あかさかかりこうきょ》へ向《む》かう途中《とちゅう》、暗殺犯《あんさつはん》六名《めい》に襲《おそ》われたそうです。暗殺犯《あんさつはん》らは日本刀《にほんとう》で馬《うま》の足《あし》を斬《き》って倒《たお》し、馬車《ばしゃ》の馭者《ぎょしゃ》も刺殺《しさつ》。

「無礼者《ぶれいもの》っ」と叫《さけ》んだ大久保《おおくぼ》を馬車《ばしゃ》から引《ひ》きずり降《お》ろし、よってたかって斬殺《ざんさつ》したのです。

大久保《おおくぼ》は全身《ぜんしん》十六か所《しょ》を斬《き》りつけられ、事件直後《じけんちょくご》に駆《か》けつけた者《もの》は、「肉飛《にくと》び、骨砕《ほねくだ》け、また頭蓋《ずがいさ》裂けて、脳《のう》のなお微動《びどう》するを見《み》る」と報告《ほうこく》しています。

大久保利通《おおくぼとしみち》、享年《きょうねん》四十九歳《さい》（満《まん》四十七歳《さい》）だったそうです。

襲撃者《しゅうげきしゃ》は自首《じしゅ》しましたが、その一人《ひとり》が「西郷《さいごう》の仇《かたき》！」と言《い》ったとも伝《つた》わっていますが、なにより、人《ひと》を殺《ころ》すのに罪《つみ》もない馬《うま》の足《あし》を斬《き》る。それはもう、残虐極《ざんぎゃくきわ》まりない戦場《せんじょう》を感《かん》じます。もし、このとき、西郷《さいごう》が生《い》きていたら、そんなことは許《ゆる》さなかったと思《おも》うほど、晩《ばん》年《ねん》の西郷《さいごう》は深《ふか》く犬《いぬ》を愛《あい》し、人《ひと》を愛《あい》し、きっと命《いのち》そのものを愛《あい》していたのでしょう。

明治《めいじ》二十二年《ねん》（一八八九年《ねん》）になって、大日本帝国憲法《だいにほんていこくけんぽう》の発布《はっぷ》にあわせ、西郷隆盛《さいごうたかもり》の罪《つみ》が赦《ゆる》され、賊名《ぞくめい》がとかれ、明治維新《めいじいしん》の英雄《えいゆう》がもどってきました。

けれど、官軍《かんぐん》や賊軍《ぞくぐん》とは、そのときの政治《せいじ》の都合《つごう》で名付《なづ》けられるもので、明治維新《めいじいしん》がすべて正《ただ》しかったわけではないでしょう。西郷《さいごう》の敵《てき》にも味方《みかた》にも、正邪《せいじゃ》はあり、万々歳《ばんばんざい》の戦争《せんそう》などないということが胸《むね》に迫《せま》ってきた執筆《しっぴつ》でした。

けれども、そのなかで、薩長軍《さっちょうぐん》の敵《てき》として、死《し》ぬまで戦《たたか》い抜《ぬ》いた新選組《しんせんぐみ》の土方歳三《ひじかたとしぞう》も、後《のち》に賊軍《ぞくぐん》となってまで、まっすぐな子《こ》どもたちに応《こた》えようとした西郷隆盛《さいごうたかもり》も、共《とも》に「武士《ぶし》の真《まこと》」を、明治《めいじ》の世《よ》に伝《つた》え遺《のこ》した見事《みごと》なサムライだったといえるのではないでしょうか。

最後《さいご》に、戊辰戦争《ぼしんせんそう》で敗北《はいぼく》した庄内藩《しょうないはん》の人々《ひとびと》は、敗戦後《はいせんご》の西郷《さいごう》の温情《おんじょう》に長《なが》く感謝《かんしゃ》し続《つづ》け、西郷《さいごう》の遺訓《いくん》「西郷南洲遺訓《さいごうなんしゅういくん》」を大切《たいせつ》に記録《きろく》したとも伝《つた》わっています。

戦争《せんそう》が終《お》われば、敵《てき》も味方《みかた》も「敬天愛人《けいてんあいじん》」。

そんなふうに生《い》きた西郷隆盛《さいごうたかもり》の愛《あい》の深《ふか》さだけは、胸打《むねう》たれるものがありました。

書《か》き上《あ》げた今《いま》、西郷《さいごう》どんに、「ありがとう」と伝《つた》えたいです。

越水利江子《こしみずりえこ》

西郷隆盛《さいごうたかもり》 年表《ねんぴょう》

※年齢《ねんれい》は数《かぞ》え年《どし》です

西暦《せいれき》[元号《げんごう》](年《ねん》)	年齢《ねんれい》	西郷《さいごう》の歴史《れきし》	日本《にっぽん》のできごと
一八二七[文政《ぶんせい》十]	1	十二月《がつ》七日《か》、薩摩《さつま》(現在《げんざい》の鹿児島県《かごしまけん》)に生《う》まれる。	
一八四四[天保《てんぽう》十五、弘化元《こうかがん》]	18	薩摩藩《さつまはん》の郡方書役助《こおりかたかきやくたすけ》となる。	
一八五三[嘉永《かえい》六]	27		ペリーが黒船《くろふね》四隻《せき》を率《ひき》いて、浦賀《うらが》に来航《らいこう》。
一八五四[嘉永《かえい》七、安政元《あんせいがん》]	28	島津斉彬《しまづなりあきら》の参勤交代《さんきんこうたい》に従《したが》い、江戸《えど》へ。	「日米和親条約《にちべいわしんじょうやく》」が結《むす》ばれる。
一八五八[安政《あんせい》五]	32	成彬急死《なりあきらきゅうし》。殉死《じゅんし》しようとするが、僧《そう》・月照《げっしょう》の説得《せっとく》によりとどまる。月照《げっしょう》とともに入水《じゅすい》。西郷《さいごう》だけが助《たす》かる。	「安政《あんせい》の大獄《たいごく》」が始《はじ》まる。
一八五九[安政《あんせい》六]	33	奄美大島《あまみおおしま》に流《なが》される。愛加那《あいかな》と結婚《けっこん》。	
一八六〇[安政《あんせい》七、万延《まんえん》元]	34		「桜田門外《さくらだもんがい》の変《へん》」で井伊直弼《いいなおすけ》が暗殺《あんさつ》される。
一八六二[文久《ぶんきゅう》二]	36	許《ゆる》されて、薩摩《さつま》に戻《もど》る。島津久光《しまづひさみつ》の怒《いか》りを買《か》い、徳之島《とくのしま》へ流《なが》される。さらに沖永良部島《おきのえらぶじま》に送《おく》られる。	「生麦事件《なまむぎじけん》」が起《お》こる。
一八六四[文久《ぶんきゅう》四、元治元《げんじがん》]	38	許《ゆる》され、薩摩《さつま》に戻《もど》る。「禁門《きんもん》の変《へん》」で指揮《しき》をとる。坂本龍馬《さかもとりょうま》、勝海舟《かつかいしゅう》と出会《であ》う。	第一次長州征伐《だいいちじちょうしゅうせいばつ》。

一八六五［元治《げんじ》二、慶応元《けいおうがん》］	39	糸子《いとこ》と結婚《けっこん》する。	
一八六六［慶応《けいおう》二］	40	坂本龍馬《さかもとりょうま》の仲介《ちゅうかい》により、木戸孝允《きどたかよし》と薩長同盟《さっちょうどうめい》を結《むす》ぶ。	第二次長州征伐《だいにじちょうしゅうせいばつ》。
一八六七［慶応《けいおう》三］	41		「大政奉還《たいせいほうかん》」が成立《せいりつ》する。 坂本龍馬《さかもとりょうま》が暗殺《あんさつ》される。 「王政復古《おうせいふっこ》の大号令《だいごうれい》」が出《だ》される。
一八六八［慶応《けいおう》四、明治元《めいじがん》］	42	鳥羽伏見《とばふしみ》の戦《たたか》いで指揮《しき》をとる。 勝海舟《かつかいしゅう》に会見《かいけん》し、江戸城《えどじょう》を無血開城《むけつかいじょう》に導《みちび》く。 上野戦争《うえのせんそう》で指揮《しき》をとる。 山形庄内藩《やまがたしょうないはん》入《い》り。庄内藩《しょうないはん》への寛大《かんだい》な処分《しょぶん》を命《めい》じる。	戊辰戦争《ぼしんせんそう》が始《はじ》まる。
一八七一［明治《めいじ》四］	45	新政府《しんせいふ》の参議《さんぎ》になる。	「岩倉使節団《いわくらしせつだん》」が欧米《おうべい》へと出発《しゅっぱつ》する。
一八七三［明治《めいじ》六］	47	陸軍元帥《りくぐんげんすい》になる。 西郷《さいごう》の朝鮮使節派遣《ちょうせんしせつはけん》が決《き》まる。 朝鮮使節派遣《ちょうせんしせつはけん》の中止《ちゅうし》が決《き》まる。役職《やくしょく》を辞《や》めて鹿児島《かごしま》に戻《もど》る。	
一八七四［明治《めいじ》七］	48	鹿児島《かごしま》に私学校《しがっこう》をつくる。	
一八七六［明治《めいじ》九］	50		各地《かくち》で、不平士族《ふへいしぞく》の反乱《はんらん》が起《お》きる。
一八七七［明治《めいじ》十］	51	私学校《しがっこう》で挙兵《きょへい》。西南戦争始《せいなんせんそうはじ》まる。 政府軍《せいふぐん》に破《やぶ》れ、鹿児島《かごしま》にて切腹《せっぷく》する。	

参考文献

『西郷さんを語る　義妹・岩山トクの回想』岩山和子／岩山清子編著（至言社）
『西南記伝』黒竜会編（黒竜会本部）
『西郷隆盛伝説』佐高信著（光文社知恵の森文庫）
『「明治」という国家』司馬遼太郎著（NHK ブックス）
『西郷どんとよばれた男』原口泉著（NHK 出版）
『維新史の片鱗』有馬純雄著（日本警察新聞社）
『西郷隆盛』奈良本辰也監修（南日本出版社）
『甦る幕末　ライデン大学写真コレクションより』後藤和雄／松本逸也編（朝日新聞社）
『会津戊辰戦史』山川健次郎監修（マツノ書店）
『明治維新の正体 徳川慶喜の魁、西郷隆盛のテロ』鈴木荘一著（毎日ワンズ）
『史伝西郷隆盛』海音寺潮五郎著（文春文庫）
『日本歴史を点検する』司馬遼太郎／海音寺潮五郎著（講談社文庫）
『西郷南洲遺訓』山田済斎編（岩波文庫）
『話し言葉で読める「西郷南洲翁遺訓」』長尾剛著（PHP 文庫）
『新訂　海舟座談』巌本善治編著／勝部真長校注（岩波文庫）
『明治維新という過ち』原田伊織著（講談社文庫）
『英傑の日本史　西郷隆盛・維新編』井沢元彦著（角川文庫）
『幕末維新　消された歴史』安藤優一郎著（日経文芸文庫）ほか

編集協力…………………… ㈱J's　publishing

企画・編集……………… 石川順恵　中川美津帆　甲田秀昭

装丁……………………… 荻窪裕司

口絵CGイラスト ……… 成瀬京司

口絵写真協力…………… 京都市歴史資料館
龍郷町企画観光課
港区観光協会
© 鹿児島市

校正……………………… ㈱鷗来堂

DTP …………………… ㈱ヨコカワコーポレーション

新・歴史人物伝
西郷隆盛
2018年2月28日　初版発行

著　越水利江子

絵　フカキショウコ

発行者　井上弘治

発行所　**駒草出版**　株式会社ダンク出版事業部
〒110-0016
東京都台東区台東1-7-1　邦洋秋葉原ビル2階
TEL 03-3834-9087
FAX 03-3834-4508
http://www.komakusa-pub.jp

印刷・製本　シナノ印刷株式会社

落丁・乱丁本はお取り替えいたします。定価はカバーに表記してあります。

ISBN978-4-905447-90-0　N.D.C.289　194p　18cm

好評発売中!

新・歴史人物伝

坂本龍馬

著◎仲野ワタリ

画◎瀧 玲子

剣術修業のため故郷の土佐をはなれて、十八歳で江戸にきた坂本龍馬は、アメリカの黒船を見てびっくりぎょうてん。「わしはあれに乗ってみたいぞ」と大きな夢を持つようになる。日本が激しく変わろうとしている時代に、なにごとにもとらわれない自由な発想で、日本の未来のために駆けぬけた幕末の英雄の物語。

CG口絵

大海原を進む龍馬と
夕顔丸　収録